［過去問］

2024
聖心女子学院初等科
入試問題集

JN084598

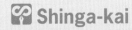
Shinga-kai

聖心女子学院初等科

過去10年間の入試問題分析
出題傾向とその対策

2023年傾向

ペーパーテストは例年通り、話の記憶、常識、数量、推理・思考などさまざまな項目が出され、聞き取る力や考える力が見られました。2021、2022年度には実施のなかった集団活動も、2、3人の少人数グループで共同制作が行われました。紙コップでのタワー作りを通じてお友達とのかかわり以外にも発表力、教具の扱いなどの生活習慣も見られたようです。

傾　向

考査は20〜30人のグループで、例年ペーパーテスト、集団テストが行われてきましたが、2017〜2020年度は運動テスト、2021年度以降は個別テストも行われています。例年は子どもは上履きに履き替えて受付をした後、在校生からゼッケンをつけてもらい、そのまま在校生と別室に移動します。保護者は在校生の誘導でホールに移動し、考査終了まで待機します。ペーパーテストでは、話の記憶、数量、言語、推理・思考、常識など頻出課題のほかに、観察力、構成、点図形、巧緻性を問う課題などもあります。なかでも常識は毎年出題され、生き物や生活、判断力など、内容が多岐にわたっていることが特徴です。解答の形式も○×式にとどまらないため、しっかり問題を聞き取ることが大切です。集団テストで行われる行動観察は、共同絵画や課題遊び、ゲームなど、いろいろな形で出題されていますが、その中に指示行動の内容が含まれていることが多く、テスターの話を最後までよく聞き落ち着いて行動すると同時に、ほかの子と仲よくして約束を守りながら集中して取り組む姿勢が見られます。面接は、考査日前の指定日時に行われます。面接中に与えられたテーマについて、2016年度は父親に子どもと相談するように、2016、2017年度は母親から子どもに説明するように、2018年度以降は家族で相談をするように指示がありました。しつけ、子どもとのかかわりについての質問もあり、家庭の教育方針や親子のかかわりを重視する面接といえます。聖心女子学院では、初等科から中等科・高等科までの12年間一貫教育の充実を目的とした4・4・4年の3ステージ制カリキュラムにより、女子の発達段階に応じた教育を実践しています。考査でもペーパーテストはじっくり考える力を見る課題が必ずあり、しっかり見ること、

聞くことが必須の内容といえるでしょう。

対　策

　考査では、お話をしっかり聞いて考える力を見る課題が例年出題されています。まず、ペーパーテストの話の記憶では、聞き取ったお話の内容をきちんとイメージすることが必要です。そのためには何となく話を聞くのではなく、一つひとつの要素を確実に聞き取れるように、日々の生活でも意味を考えながら丁寧に話を聞くことを心掛けましょう。また、他人の気持ちを思いやったり、人の役に立つことを喜びと感じたりするような内容や、それについての発問があることも特色です。日ごろから読み聞かせなどを通じて、登場人物の気持ちを想像する問いかけをしながら、心の成長を促していくことも大切にしてください。そのほかでは数量や推理・思考、観察力など、幅広い分野から出題されます。わかりにくい課題については具体物を示して説明されることもあるので、指示を素直にきちんと聞き取り、落ち着いて課題に向き合う姿勢を養っておきましょう。推理・思考は回転図形や四方図なども含め、ねばり強く考えて取り組む力が必要です。実際に具体物を使って、回転したときの形や反対側から見る図などについての理解を深めましょう。また、ルーレットや重さ比べ、系列完成など、見慣れた形では出題されないものも多いので、問題の意味をしっかり把握することが大切です。また、言語は必須課題です。言葉の音やしりとりの出題が目立ちますが、しりとりでは逆さしりとりをする、真ん中の音をつなぐなどの条件が加わることもあります。語彙を豊かにするためにも、日ごろから意識して親子で言葉遊びを取り入れてみましょう。常識も必須課題です。季節や行事、野菜や果物、生き物や道具などについては普段の生活の中で興味や意識を高め、生活体験で得た知識がきちんと整理されているか、ペーパーで確認してみましょう。言語や常識は女子の得意分野でもあるので、さまざまな出題形式にふれ応用力を高めておくことも必要です。模写や点図形の課題では、正しい姿勢と筆記用具の持ち方を確認し、点と点を真っすぐ結ぶことなどに注意して、お手本をよく見て集中して作業する力をつけましょう。集団テストでは、人とのかかわり、ものの扱いなどの丁寧さが見られます。お友達と協力して１つのものを作り上げる機会を多く持つようにしてください。そうした活動を通し、お友達と仲よく取り組む姿勢や思いやりの気持ちを育んでいきましょう。また、集団テストや運動テストで行われている身体表現やリズム、ダンスでは、恥ずかしがらずにのびのびと体を動かすことができるように、家族で踊ったり、ジェスチャーゲームをしてみたりするのもよいでしょう。ほかには模倣体操やスキップ、片足バランスなどの基本的な運動テストが行われた年もありますので、元気に体を動かすことが楽しいと思えるようにしていくことが大切です。親子面接では、親子での対話や相談の場面が設けられることが特徴です。普段の親子のかかわりだけでなく、保護者の子育てに対する姿勢、両親の協力態勢なども自ずと表れますので、家族で一日一日を大切に過ごすことを基本に、日常生活をもう一度見直してみてください。

年度別入試問題分析表

【聖心女子学院初等科】

	2023	2022	2021	2020	2019	2018	2017	2016	2015	2014
ペーパーテスト										
話	○	○	○	○	○	○	○	○	○	○
数量	○	○	○		○	○	○		○	○
観察力		○	○	○	○	○				
言語	○	○	○		○	○	○	○	○	○
推理・思考	○	○	○	○	○	○	○	○		○
構成力									○	
記憶								○		
常識	○	○	○	○	○	○	○	○	○	○
位置・置換	○	○		○					○	
模写		○			○			○		○
巧緻性							○	○		
絵画・表現										
系列完成								○		
個別テスト										
話		○								
数量			○							
観察力										
言語	○	○	○							
推理・思考										
構成力										
記憶										
常識										
位置・置換										
巧緻性				○						
絵画・表現										
系列完成										
制作										
行動観察										
生活習慣										
集団テスト										
話										
観察力										
言語				○	○	○				
常識										
巧緻性										
絵画・表現				○		○	○			
制作	○				○					
行動観察	○			○				○		
課題・自由遊び								○		
運動・ゲーム		○	○					○	○	○
生活習慣									○	
運動テスト										
基礎運動							○			
指示行動										
模倣体操				○		○				
リズム運動				○	○	○	○			
ボール運動										
跳躍運動										
バランス運動							○			
連続運動										
面接										
親子面接	○	○	○	○	○	○	○	○	○	○
保護者(両親)面接										
本人面接										

※伸芽会教育研究所調査データ

小学校受験Check Sheet

　お子さんの受験を控えて、何かと不安を抱える保護者も多いかと思います。受験対策はしっかりやっていても、すべてをクリアしているとは思えないのが実状ではないでしょうか。そこで、このチェックシートをご用意しました。１つずつチェックをしながら、受験に向かっていってください。

✳ ペーパーテスト編
①お子さんは長い時間座っていることができますか。

②お子さんは長い話を根気よく聞くことができますか。

③お子さんはスムーズにプリントをめくったり、印をつけたりできますか。

④お子さんは机の上を散らかさずに作業ができますか。

✳ 個別テスト編
①お子さんは長時間立っていることができますか。

②お子さんはハキハキと大きい声で話せますか。

③お子さんは初対面の大人と話せますか。

④お子さんは自信を持ってテキパキと作業ができますか。

✳ 絵画、制作編
①お子さんは絵を描くのが好きですか。

②お家にお子さんの絵を飾っていますか。

③お子さんははさみやセロハンテープなどを使いこなせますか。

④お子さんはお家で空き箱や牛乳パックなどで制作をしたことがありますか。

✳ 行動観察編
①お子さんは初めて会ったお友達と話せますか。

②お子さんは集団の中でほかの子とかかわって遊べますか。

③お子さんは何もおもちゃがない状況で遊べますか。

④お子さんは順番を守れますか。

✳ 運動テスト編
①お子さんは運動をするときに意欲的ですか。

②お子さんは長い距離を歩いたことがありますか。

③お子さんはリズム感がありますか。

④お子さんはボール遊びが好きですか。

✳ 面接対策・子ども編
①お子さんは、ある程度の時間、きちんと座っていられますか。

②お子さんは返事が素直にできますか。

③お子さんはお父さま、お母さまと３人で行動することに慣れていますか。

④お子さんは単語でなく、文で話せますか。

✳ 面接対策・保護者（両親）編
①最近、ご家族での楽しい思い出がありますか。

②ご両親の教育方針は一致していますか。

③お父さまは、お子さんのお家での生活や幼稚園・保育園での生活をどれくらいご存じですか。

④最近タイムリーな話題、または昨今の子どもを取り巻く環境についてご両親で話をしていますか。

^{section}
2023 聖心女子学院初等科入試問題

■ 選抜方法

考査は１日で、出願時に選択した面接日に応じてついた受験番号ごとに、20〜25人単位でペーパーテスト、集団テスト、個別テストを行う。所要時間は２時間30分〜３時間。考査日前の指定日時に親子面接がある。

▌ペーパーテスト ▌ 筆記用具はクーピーペン（青、赤、黒）を使用し、訂正方法は×（バツ印）。出題方法は音声。問題ごとに筆記用具の指示がある。

1 話の記憶

「なつみちゃんはカブトムシを飼っています。名前はカブちゃんです。お家の畑ではトマトを育てていて、なつみちゃんはトマトが赤くなったら、カブちゃんにもあげようと思っています。そして、カブちゃんも『トマトを食べてみたいなあ』と、その日を楽しみにしています。ある夜のことです。なつみちゃんはぐっすり眠っていますが、カブちゃんは目を覚ましました。『何だか、虫カゴが狭いな』。カブちゃんの体は大きくなって、虫カゴが少し窮屈になってきたのです。『そうだ、ここは狭いから外に出よう。そして、なつみちゃんが言っていたトマトの畑に行ってみよう』。カブちゃんは虫カゴのすき間に大きな角をかけて、ふたを思い切り押しました。『よいしょ！』その掛け声と同時にふたは開き、カブちゃんは虫カゴの外に出ました。まだ、なつみちゃんはぐっすり眠っています。『あっ、あの窓から外に出られるな！』よく見ると窓が少し開いています。カブちゃんは外に飛び出して、畑に向かって飛んでいきました。『なつみちゃんは、トマトは赤くなると食べられるって言っていたな。楽しみだなあ、早く食べたいな』。少し飛ぶと、畑に着きました。『赤いトマトはどこかな？』カブちゃんは上に飛んだり下に飛んだりしながら探しましたが、食べられそうな赤いトマトは見つかりません。畑には黄色いお花が咲いていたので、お花のそばに寄ると、クモ君が顔を出しました。『あっ、クモ君。こんばんは』『こんばんは』。クモ君は忙しそうに、お尻から糸を出して巣を作っています。そばにはまだ赤くなっていない緑色のトマトの実もありました。『どうしてここに巣を作っているの？』カブちゃんがたずねると、『お花の花粉に誘われて小さな虫がいっぱい来るからだよ。巣に引っかかった虫を食べるんだ』と答えました。クモ君はせっせと巣を作ったので、みるみるうちに大きく立派なクモの巣ができあがりました。カブちゃんは、なつみちゃんの部屋には戻らずに、近くにある木の蜜を吸って過ごすことにしました。次の日、カブちゃんはクモ君が気になり、畑に行きました。すると『おなかがすいたなあ』というクモ君の声が聞こえてきます。『クモ君、こんにちは。どうしておなかがすいているの？』とカブちゃんが聞くと、『虫が全然来なくって、何も食べられなかったんだ』とクモ君は答えました。

そのまた次の日も、クモ君の様子が気になったカブちゃんはトマト畑にやって来ました。クモの巣には1匹の虫もかかっていません。『クモ君、だいじょうぶ?』と声をかけると、クモ君は『虫がかからないんだ……』と弱々しい声で返事をしました。『どうして虫がかからないんだろう』と、カブちゃんは不思議に思い調べてみることにしました。トマトの茎まで飛んで行くと『うん? くさい! 何だ、このにおいは?』何だかとっても嫌なにおいがしています。よく見てみると、トマトの茎に白い小さな毛がたくさん生えていて、そこからにおいがしているようです。『わかったぞ。この嫌なにおいが虫たちを近づけないんだ!』カブちゃんは、さっそくクモ君に教えてあげました。『そうだったのか、だから虫が来なかったんだ。教えてくれてありがとう』。その夜、クモ君はお引っ越しをすることにしました。なつみちゃんのお家の畑では、カボチャもナスも育てています。クモ君はナスの畑に行ってみましたが、嫌なにおいはしないようです。クモ君は安心して巣を作り始めました。次の日の朝です。カブちゃんは、畑に赤いトマトが落ちているのを見つけました。『これが、なつみちゃんが言っていたトマトかな?』一口食べてみると、甘い味がします。カブちゃんは喜んで、トマトをおいしく食べました。そして、なつみちゃんのお部屋の窓に向かって飛んでいき、『なつみちゃん! おいしいトマト、ありがとう。じゃあね』とお礼を言いました。なつみちゃんも『あ、カブちゃん! いなくなって心配していたのよ。でも、おいしいトマトを食べられてよかった』と、窓を開けて手を振り、カブちゃんを見送りました」

・カブちゃんが虫カゴから外に出るときの様子が、正しく描いてある絵に青で○をつけましょう。

・左上の太陽の絵から右下の星の絵まで、お話の順番になるように青い線で結びましょう。

・動物たちがお話をしています。お話を聞いて、正しいことを言っている動物に青で○をつけましょう。ウサギは「トマトの茎の毛は冬を暖かく過ごすためにあるんだよ」と言いました。ネズミは「トマトの茎の毛には毒があって、虫が触ると危険だよ」と言いました。サルは「トマトは茎の毛から虫の嫌いなにおいを出して、虫を追い払っているんだよ」と言いました。ゾウは「トマトの茎の毛はだんだん伸びて、茎が倒れないようにほかの枝をつかんで守るんだよ」と言いました。

② 常識(なぞなぞ)

・1段目です。わたしはおいしい果物です。木に実がなります。わたしは誰でしょう。合う絵に青で○をつけましょう。

・2段目です。わたしは朝と昼は木の穴の中にいます。夜は風が吹くとその勢いに乗って木から木に跳び移ります。わたしは誰でしょう。合う絵に青で○をつけましょう。

・3段目です。わたしはうどんやそうめんを食べるときに活躍します。水を切るのが得意

です。わたしは誰でしょう。合う絵に青で○をつけましょう。

3 数量（分割）

・なつみちゃんのお家の畑に、たくさんのトマトができました。採ったトマトが3枚のお皿の上にあります。このトマト全部を、お父さん、お母さん、お兄さん、なつみちゃんの4人で同じ数ずつ分けようと思います。1人分がなるべく多くなるように分けたとき、余るトマトの数だけマス目の中に青で○をかきましょう。

4 置　換

・横に太陽の印があるマス目から順に、マス目の中にお約束の印をかいていきます。ケンのときは斜め線、パーのときは○です。「ケンケンパー・ケンケンパー・ケンケンケンケンケンケンパー」の順に、赤でかいていきましょう。（三日月の印の1つ前のマス目まで例題として一緒に行い、やり方を確認する）
・今度は三日月の印から星印のマス目まで、先ほどと同じように「ケンケンパー・ケンケンパー・ケンケンケンケンケンケンパー」の順番に赤でかいていきましょう。

5 常識（季節）

・上と下に並んでいる四角の絵は、ある決まりで並んでいます。空いている四角にはどの絵が入ったらよいか考えて、真ん中の丸の絵から選んで青い線で結びましょう。

6 推理・思考

一番上を一緒に行い、やり方を確認する。
・左端のマス目の中に丸があります。この丸を矢印の数だけ下に動かすと、どこに来ますか。隣の青い枠のマス目に、赤で○をかきましょう。
・今かいた青い枠のマス目を、今度はコトンと矢印の方に倒します。中の丸はどのようになりますか。隣の赤い枠のマス目に、黒で○をかきましょう。

7 常　識

・左の丸の中の動物のしっぽと足跡を、それぞれ真ん中と右の丸から選んで、点と点を青い線で結びましょう。

8 言語（しりとり）

・左上の二重丸の絵からしりとりを始めて、できるだけ長くつながるように青い線で絵を結びましょう。

集団テスト

● 身体表現

モニターに映し出されるテスターを見ながら行う。

・「今から冒険に行きます」という合図で、行進をする。「ビルが見えてきましたよ」の声掛けで、手を腰とおでこに当て、キョロキョロとする。

・「タワーになりましょう」の声掛けで、両腕を上げ、手のひらを頭上で合わせて腕をピンと伸ばす。

・「好きなタワーになりましょう」の声掛けで、自分で考えたタワーのポーズをとる。その後、飛行機バランスを行い、スキップで指定の場所に移動する。

● 共同制作・行動観察

2、3人のグループごとに紙コップ（大、小）各複数個、厚紙（大、小）各複数枚、ビニールシートが用意されている。

・紙コップと厚紙を使い、お友達と協力して、ビニールシートの上でタワーを作りましょう。紙コップは全部使って、できるだけ高く作ってください。

・作り終えたらタワーの名前を相談して決め、グループごとにみんなの前で発表してください。最後に紙コップ、厚紙をカゴに片づけましょう。

個別テスト

集団テストの共同制作の間に、1人ずつ呼ばれて行う。

● 言　語

・どのようなところを工夫しましたか。

・タワーを倒さないためには、どうしたらよいですか。

・好きな食べ物は何ですか。

親 子 面 接

親子とも同室で着席し、面接を受ける。

本　人

・この学校の名前がわかりますか。

・この学校でよいと思うところはどこですか。

・一番楽しいときは、どんなときですか。

・これからやってみたいことはありますか。

・お家でする好きな遊びは何ですか。

・動物園にいる動物を1匹だけお家に連れて帰れるとしたら、どの動物がよいですか。家族で相談して決めてください。なぜその動物を選んだのか、理由も教えてください。(発展して質問がある)

・家族でお休みの日に楽しむものを作るとしたら、どのようなものを作りますか。家族で相談して決めてください。なぜそれを選んだのか理由も教えてください。(発展して質問がある)

父 親

・志望動機と、本校と他校との違いについて教えてください。

・本校の教育活動の指標「18歳のプロファイル」で特に大事だと思われていること、それを意識した子育てについて教えてください。

・お父さまが子育てにあたって心掛けていることは何ですか。

・現段階でのお子さんの課題は何ですか。

・共働きとのことですが、送り迎えや行事には対応できますか。

母 親

・育児と仕事の両立は、どのようにしていますか。

・ジェンダーの観点から、女子教育の価値は何であると考えますか。

・子育てをしていて喜びを感じたことを教えてください。

・本校に期待すること、求めることは何ですか。お答えはお父さま、お母さまのどちらでも構いません。

面接資料/アンケート   願書の中に下記の記入項目がある。

・本校志望の動機。

・性質・健康状態。

・ご家庭で大切にしていることをエピソードを交えてお書きください。

・通学所要時間。

1

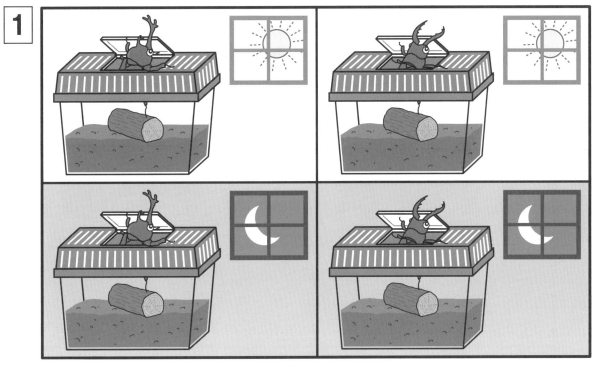

4

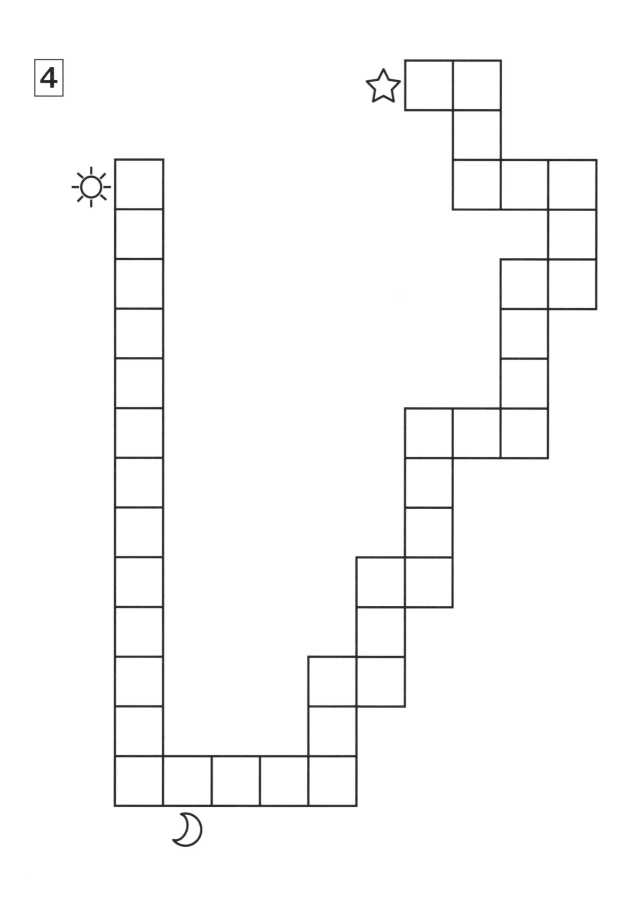

5

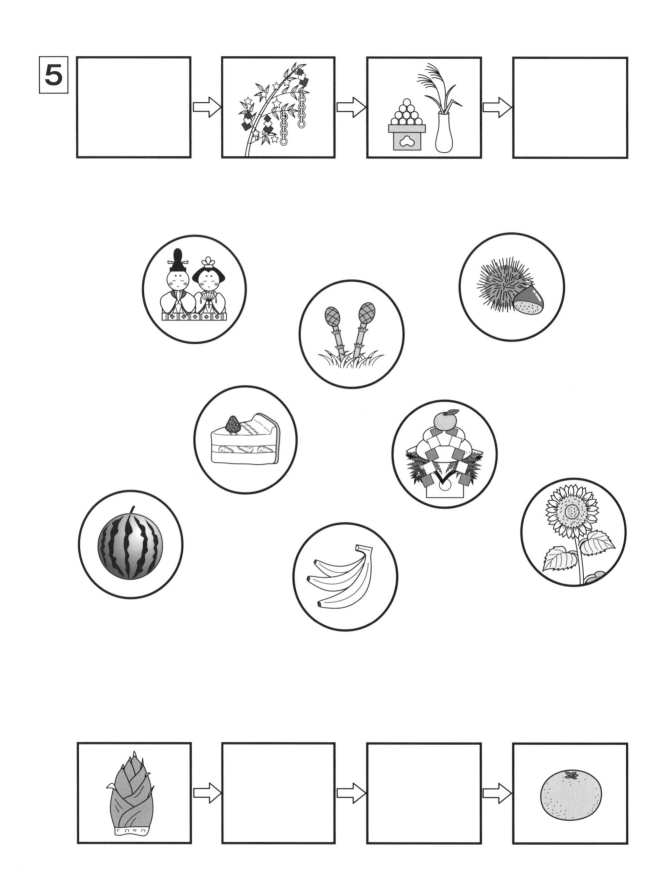

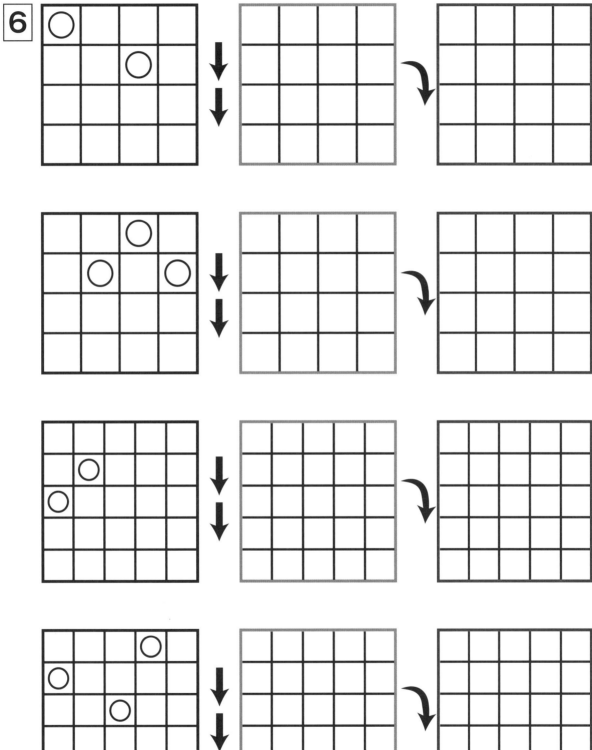

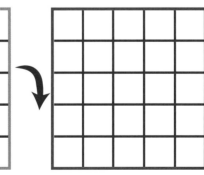

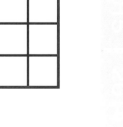

7

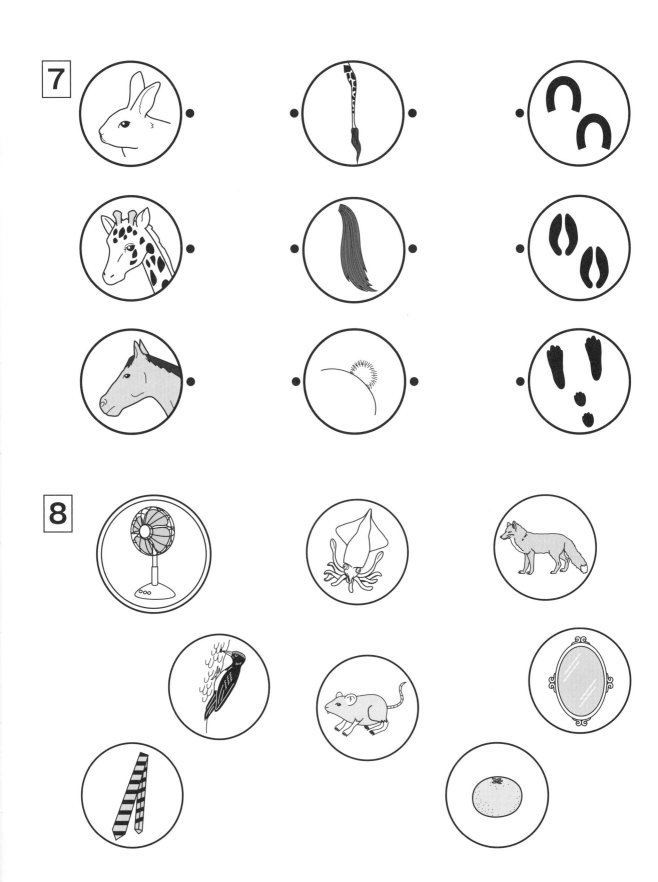

8

2022 聖心女子学院初等科入試問題

■ 選抜方法

考査は1日で、出願時に選択した面接日に応じてついた受験番号ごとに、20〜25人単位でペーパーテスト、集団テスト、個別テストを行う。所要時間は約2時間30分。考査日前の指定日時に親子面接がある。

┃ ペーパーテスト ┃

筆記用具はクーピーペン（青、赤、緑）を使用し、訂正方法は✕（バツ印）。出題方法は口頭と音声。問題ごとに筆記用具の指示がある。

1 話の記憶

「あけみさんはお手伝いの大好きな女の子です。ある日の午後、お母さんが言いました。『今日の夕ごはんは何にしましょうか』。すると弟のかい君が『豚汁がいい！』と言いました。『そうね。では、夕ごはんは豚汁にしましょう。豚汁を作るにはお野菜が必要ね。ゴボウにニンジンにダイコン、それからネギもあった方がいいわね』。お母さんがそう言うと、あけみさんはさっそく近くに住むおじいさんのお家に、野菜をもらいに行きました。おじいさんは、畑でいろいろな野菜を育てています。『おじいさんの畑には何があるの？』あけみさんがたずねると、『ゴボウ、ニンジン、ダイコン、それからネギもあるよ』とおじいさんは教えてくれました。『あけみちゃんはネギを採ってくれるかな？』とおじいさんに言われ、あけみさんは畑を見まわしましたが、いつも見ている白くて細長いネギはどこにも見当たりません。『おじいさん。ネギが見つからないけれど、どこにあるの？』とたずねると、おじいさんはニコニコ笑って『土の上には葉っぱだけが出ていて、みんながいつも食べている白いところは、土の中で育っているんだよ』と言いながら、ネギを土の中から引き抜いてくれました。ほかにもゴボウ、ニンジン、ダイコンをもらいました。『おじいさん、ありがとう』とあけみさんはお礼を言って、スーパーマーケットへ向かいました。スーパーマーケットでは、お豆腐とお肉を買いました。お家に帰るといよいよ豚汁作りです。まずは野菜を切ります。その後にお豆腐やお肉を切って、お鍋に水を入れて火にかけました。それからお鍋にニンジン、ゴボウ、ダイコン、お肉を入れていきます。『あれ、お母さん。どうしてお豆腐とネギは一緒に入れないの？』とあけみさんが聞くと、お母さんは『お豆腐とネギは煮えるのが早いので、後から入れるのよ』と教えてくれました。あけみさんはびっくりして、お母さんは何でも知っていてすごいなと思いました。そのまましばらく煮てから、お豆腐とネギもお鍋に入れ、後からお味噌を溶かして完成です。とてもおいしそうな豚汁ができあがりました。そして夜になり、家族がテーブルにそろいました。あけみさんはみんなのおわんを用意して、おたまで豚汁を分けました。夕食が始まり、お母さんとあけみさんが作った豚汁を、みんなは『おいしいね』と言いながらたくさん食

べてくれました」

・左上の太陽の絵から右下の星の絵まで、お話の順番になるように点と点を青い線で結び
ましょう。
・あけみさんが作った豚汁を食べた人と、同じ気持ちの人がいると思う絵はどれですか。
青で○をつけましょう。
・四角の中の野菜のうち、お話に出てきた土の中で育つものに、緑で○をつけましょう。

2 常 識

・上の野菜や果物を半分に切ると、どのようになりますか。下から選んで、点と点を青い
線で結びましょう。

3 数量（対応）

・上の段がお約束です。ダイヤのメダルならアメを２つ、ハートのメダルならアメを３つ、
星のメダルならアメを４つもらえます。では、下を見てください。動物たちがこのように
メダルを持っているとき、それぞれアメはいくつもらえますか。その数だけ、右のマ
ス目に１つずつ赤で○をかきましょう。

4 位置の移動

・クマが、今いるところからマス目を進みます。下に２つ、右に３つ、左に１つ、右に２
つ、上に２つ進んだところに、赤で○をかきましょう。
・ウサギが、今いるところからマス目を進みます。下に２つ、右に２つ、下に１つ、右斜
め上に２つ、上に２つ、左に１つ、上に１つ、右に２つ進んだところに、青で○をかき
ましょう。

5 言 語

・それぞれの段で、していることを言葉にすると、ほかのものとは違う言い方になる絵が
あります。その絵を選んで、赤で○をつけましょう。

6 推理・思考（回転図形）

・左端の絵が、矢印の向きに矢印の数だけ倒れるお約束です。矢印が１つのときは右に１
回コトンと倒れ、矢印が２つのときは右に２回コトンコトンと倒れます。では、それぞ
れの段でお約束通りに絵が倒れると、どのようになりますか。合うものを右から選んで、
青で○をつけましょう。

7 観察力・数量

・上の四角がお手本です。お手本のクッキーと同じ並び方をしているところを見つけて、青で囲みましょう。いくつ囲めましたか。その数だけ、太陽の横のマス目に1つずつ青で○をかきましょう。

8 模 写

・左のお手本と同じになるように、右にかきましょう。

集団テスト

■ 模倣体操

「どうぶつたいそう1・2・3」の曲に合わせ、モニターに映るテスターのまねをして、手を動かしたりその場で足踏みをしたりする。

■ ジャンケンゲーム

リズムに合わせて、左右の手であいこにならないように、1人でジャンケンをする。同じジャンケンの手を続けて出してはいけないというお約束がある。

個別テスト　集団テストの模倣体操の間に、2人1組で呼ばれて行う。

9 言語・お話作り

・（2人のうちの1人に、Ⓐまたはｌの絵が示される）どのような様子の絵ですか。お話ししてください。
・（残る1人にもう一方の絵が示され、どのような様子の絵か話をさせた後、2枚の絵を横につなげた様子を見せられる）2人で相談してお話を作りましょう。

親 子 面 接　親子とも同室で着席し、面接を受ける。

本 人

・この学校の名前がわかりますか。
・この学校の好きなところはどこですか。
・お家でのお約束を2つ教えてください。

2022
2021
2020
2019
2018
2017
2016

・お父さん、お母さんのすごいと思うところはどこですか。

・これまでのお誕生日で、一番うれしかったことは何ですか。

・夏休みを思い出して誰か2人に「ありがとう」のお手紙を書くとしたら、誰にどのようなお手紙を書きますか。お父さん、お母さんと相談した後、あなたが発表をしてください。（発展して質問がある）

・この学校で遊ぶとしたら、何をして遊びたいですか。お父さん、お母さんと相談した後、あなたが発表をしてください。（発展して質問がある）

・地震がきたときに大事なものを3つ持って避難するとしたら、何を持っていきますか。お父さん、お母さんと相談した後、あなたが発表をしてください。（発展して質問がある）

父　親

・願書を書くにあたり、ご両親でどのようなことを話し合われましたか。

・学校の教育とご家庭での教育において、意見が異なる場合はどのように考えますか。

・お子さんの特徴をとらえた（よさが現れた）エピソードを聞かせてください。

・コロナ禍で、ご家族とのかかわり方に変化はありましたか。

母　親

・本校を知ったきっかけと、志望理由を教えてください。

・本校の志願にあたり、ほかの学校と比較をしましたか。

・将来の社会情勢を踏まえて、本校の教育に何を期待されますか。

・将来、お子さんにはどのような女性になってほしいですか。

・（仕事をしている場合）お子さんとの時間はどのようにつくっていますか。

・（仕事をしている場合）入学当初の送り迎えや、急な呼び出しに対応できますか。

・コロナ禍で、生活に変化や影響はありましたか。

面接資料／アンケート　　願書の中に下記の記入項目がある。

・本校志望の動機。

・性質・健康状態。

・ご家庭で大切にしていることをエピソードを交えてお書きください。

・通学所要時間。

1

1

2

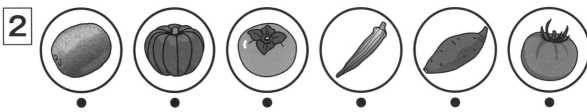

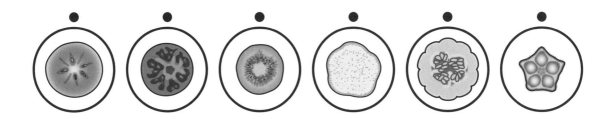

3

4

5

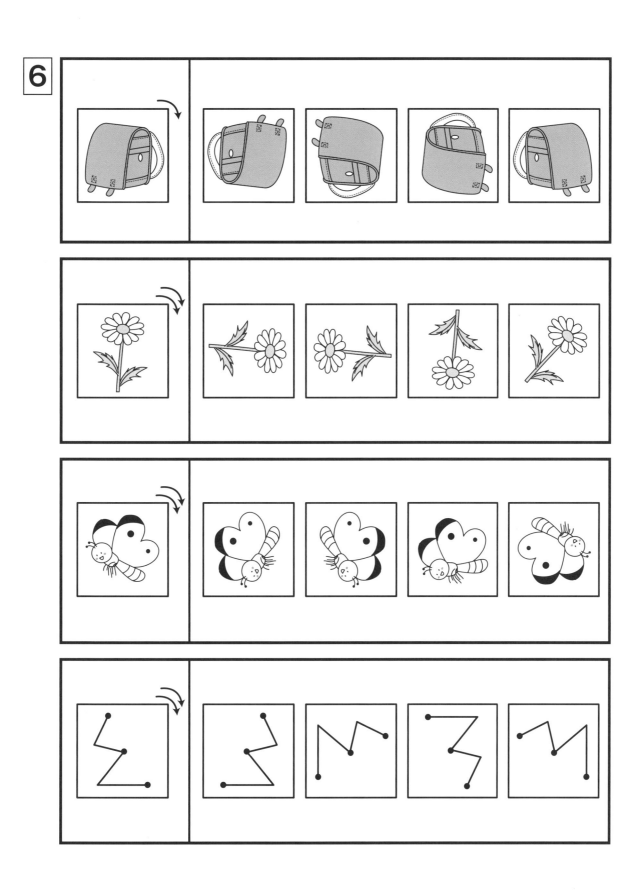

7

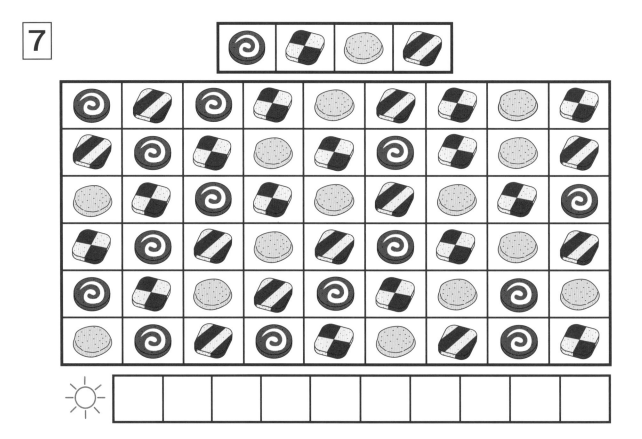

8

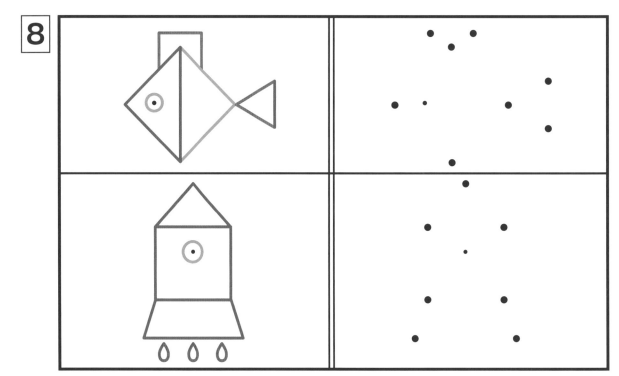

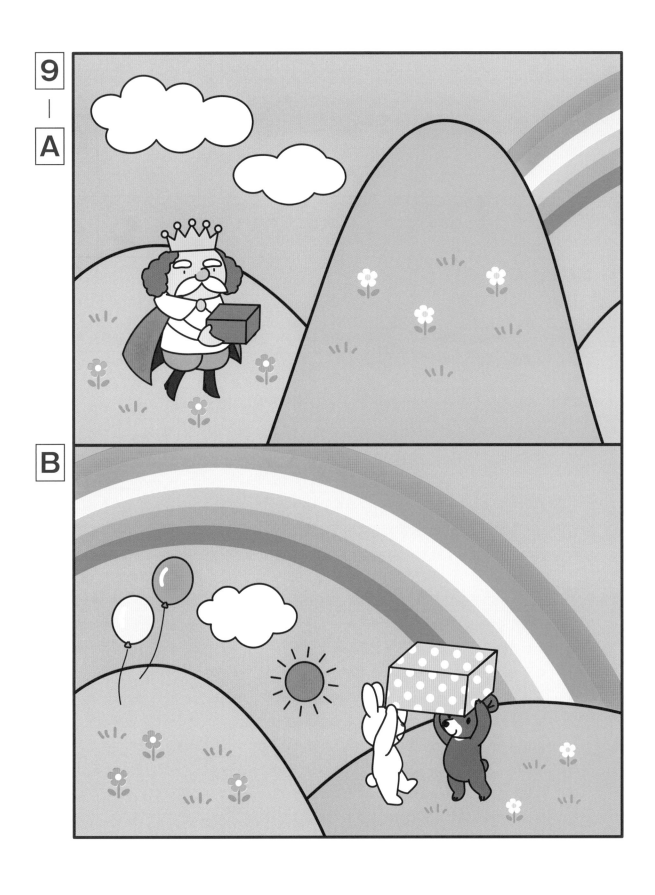

2021 聖心女子学院初等科入試問題

■ 選抜方法

考査は1日で、出願時に選択した面接日に応じてついた受験番号ごとに、約25人単位でペーパーテスト、個別テスト、集団テストを行う。所要時間は2時間〜2時間30分。考査日前の指定日時に親子面接がある。

┃ ペーパーテスト

筆記用具はクーピーペン（青、赤）を使用し、訂正方法は×（バツ印）。出題方法は口頭と音声。問題ごとに筆記用具の指示がある。

1 話の記憶

「ある日、はるこさんはお庭の木の上に何かがあるのを見つけました。『うーん、あれは何かしら？』不思議に思ったはるこさんは、お父さんに聞いてみることにしました。するとお父さんは、『あれはスズメの巣だよ。明日あたり、お母さんスズメが卵を産むかもしれないね』と教えてくれました。次の日、はるこさんがスズメの巣を見に行ってみると、中にお母さんスズメが座っていました。しばらく見ていましたが、お母さんスズメは動きません。『何をしているのかしら？ 一度も飛ばないわ』。心配になったはるこさんが巣の中をのぞいてみると、お母さんスズメはおなかの下に卵を入れて、動かずじっと温めています。そして、それから何日かしてはるこさんが巣の中をのぞいてみると、4個の卵が割れ始めていました。中には、小さなくちばしが出ている卵もあります。そのうちにピヨピヨと鳴きながら4匹のヒナが産まれてきました。しばらく見ていると、お母さんスズメが巣から飛び立っていきます。『ヒナたちを置いて、どこへ行くのかしら？』はるこさんは少し心配になって空を見上げていました。しばらくすると、口にミミズをくわえたお母さんスズメが帰ってきて、ヒナたちに上手にミミズをあげています。そうしてヒナたちは、毎日たくさんの餌を食べて大きくなっていきました。はるこさんは、4匹の中で一番大きいヒナにピーちゃんという名前をつけました。それから何日かたった日のことです。地面の芝生の上から鳴き声が聞こえてきたのではるこさんが行ってみると、ピーちゃんが巣から落ちていました。びっくりしたはるこさんは急いでお父さんのところに行き、『お父さん大変！ ピーちゃんが巣から落ちてしまったの。助けてあげないと』と言いました。しかし、お父さんは『助けてはだめだよ』と言います。不思議に思ったはるこさんがその理由を聞くと、ピーちゃんたちは大人になるための準備をしているのだと教えてくれました。よく見てみると、お母さんスズメが巣からピーちゃんを見守っています。実は、ピーちゃんたちは飛ぶ練習をしていたのです。次の日もそのまた次の日も、ピーちゃんたちは頑張って練習しました。そしてついに、立派に飛べるようになったのです。大人になったピーちゃんはいつの日か卵を産み、またかわいらしいヒナが産まれることでしょう」

・お母さんスズメは、どのようにして卵を温めていましたか。正しい様子の絵に、青で○をつけましょう。
・お母さんスズメはピーちゃんたちに、どのように餌をあげていましたか。正しい様子の絵に赤で○をつけましょう。
・左上の太陽の絵から右下の星の絵まで、お話の順番になるように青で線を引いて絵をつなぎましょう。お話になかった絵もありますよ。
・ピーちゃんがうまく飛べなかったときのお母さんスズメの気持ちと、あなたのお母さんが同じような気持ちになるのは、あなたのどのような様子を見ているときですか。その様子に合う絵を2つ選んで、赤で○をつけましょう。

2 数 量

・太陽のところです。スズメのピーちゃんは2匹、お父さんは4匹、お母さんは3匹ミミズを食べました。全部で何匹のミミズを食べましたか。その数だけ、ピーちゃんの横の四角に青で○をかきましょう。
・月のところです。お母さんスズメがミミズを9匹捕まえました。お父さん、お母さん、ピーちゃんの3羽で仲よく分けると、何匹ずつ食べることができますか。その数だけ、四角に赤で○をかきましょう。

3 数量（進み方）

・左上のクマと右下のウサギが1回ずつかわりばんこにサイコロを振って、今いるところから出た目の数だけ進みます。上の四角のようにサイコロの目が出て進むと、ちょうどクマがウサギに追いつきました。追いついたマス目に、青で○をかきましょう。

4 言語（しりとり）

※カラーで出題。絵の中にある2つの星のうち、上を青、下を赤で色を塗ってから行ってください。
・逆さしりとりをします。逆さしりとりでは、名前の最初の音が、次にくる名前の最後の音になるようにつなげていきます。上の3つの四角を見てください。左端にキツネの絵があります。キツネの最初の音は「キ」ですね。逆さしりとりではその音で終わるものをつなげますから、名前が「キ」で終わるものを探します。するとタヌキになりますね。そしてタヌキの最初の音は「タ」ですから、その次には「タ」で終わるものをつなげると、ブタにつながります。右のブタから左に向かって逆さに見てみると、ブタ→タヌキ→キツネと普通のしりとりでつながりましたね。では、下の四角を見ましょう。右上にラッパ、右下に傘の絵があります。それぞれ逆さしりとりでつながるものを左の大きな四角の中から見つけて、それぞれの絵の左上にある星と同じ色の線でつないでいきましょう。つなげられるところまででよいですよ。

5 観察力・話の理解

- 左上の女の子のお父さんを探します。女の子と、眉、目、鼻、口、耳が同じ形をしているのがお父さんです。お父さんに、青で○をつけましょう。
- 右の絵の中から、今から言うことに合うものを探します。目は2つ描いてありません。口は開いていません。背びれが長いです。今のお話に合うものに、赤で○をつけましょう。

6 観察力

- 上と左にある、4つ並んだマス目がお手本です。右下の大きなマス目の中で、お手本と同じように印が並んでいるところを見つけて、青で囲みましょう。

7 常　識

- 上の丸の中の動物のしっぽと足を、それぞれ真ん中と下の丸から選んで、点と点を青い線で結びましょう。

8 常識（生活）

- 上にあるものと一緒に使うものを下から選んで、点と点を青い線で結びましょう。

9 推理・思考（四方図）

- 上の段を見てください。左端の四角で、ウサギは前から、クマは右から、サルは上から積み木を見ています。右には、それぞれの動物から見える積み木の様子が描いてありますね。では、下の段を見てください。同じように積み木を動物たちが見ると、今度はそれぞれ右の絵のように見えました。このとき、積み木はいくつありますか。その数だけ、一番下のマス目に1つずつ青で○をかきましょう。

10 推理・思考（対称図形）

- 真ん中の赤い線で上に折り上げたとき、ピッタリ重なるような形を上側に青でかきましょう。

個別テスト

11 数　量

- 野原に3匹のチョウチョが飛んでいます。どのチョウチョも同じ数だけお花の蜜を吸うことができるとすると、チョウチョは何本ずつお花の蜜を吸えますか。お話ししてくだ

さい。クーピーペンを使って考えてもよいですよ。

12 巧緻性

黄色、緑のクーピーペンが追加される。
・好きな色で塗りましょう。

言　語

塗り絵の最中に1人ずつ質問される。
・何のお花が好きですか。
・お母さんのお誕生日にお花をプレゼントしようとお買い物に行きましたが、お花屋さんがお休みでした。あなたならどうしますか。

集団テスト

ジャンケンゲーム

モニターに映し出されるテスターと、体を使ってジャンケンをする。グーのときはしゃがみ、チョキのときは片手片足を上げ、パーのときは両手両足を広げる。
・先生に勝つようにジャンケンしましょう。
・先生に負けるようにジャンケンしましょう
・先生とあいこになるようにジャンケンしましょう。

親 子 面 接　　親子とも同室で着席し、面接を受ける。

本 人

・お父さんの名前を教えてください。どんなお父さんですか。
・お父さんとは何をして遊びますか。
・お母さんにはどのようなことでしかられますか。
・どのようなお手伝いをしていますか。これから、どのようなお手伝いをしたいですか。
・お母さんに言われてうれしくなった言葉はありますか。
・(種が入った袋を見せながら)ここに種があります。育つと花が咲いたり実がなったりしますが、どのような花や実だと思いますか。お父さん、お母さんと相談してください。相談ができたら、教えてください。
・(白い箱を見せながら)ここに箱があります。この箱に何が入っていたらうれしいですか。お父さん、お母さんと相談してください。相談ができたら、教えてください。

父　親

- グローバルマインドとはどのようなものだと理解されていますか。そのことをお子さんにはどのように伝えていますか。
- 志願の決め手となった理由をひと言で教えてください。
- ご家庭独自の教育方針を教えてください。

母　親

- お仕事をされていますが、お子さんとの時間はどのようにつくっていますか。
- 情報化社会について、どのようにとらえていますか。そのことをお子さんにどのように伝えていますか。
- お子さんの主体性は大切だと思いますが、それを伸ばすために取り組んでいることを具体的にお話しください。

面接資料／アンケート　　願書の中に下記の記入項目がある。

- 本校志望の動機。
- 性質・健康状態。
- ご家庭で大切にしていることをエピソードを交えてお書きください。

3

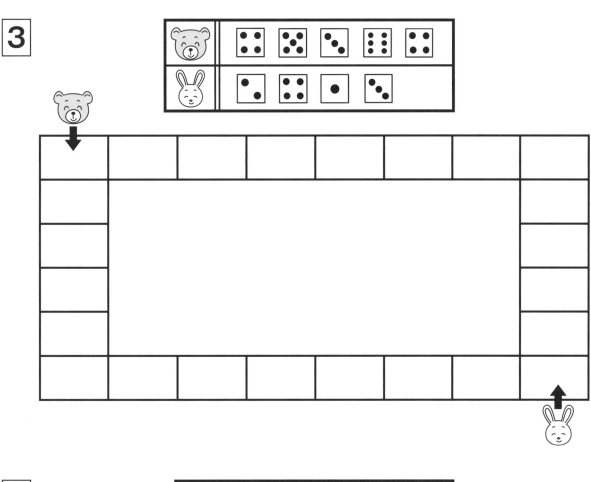

4

5

6

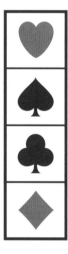

7

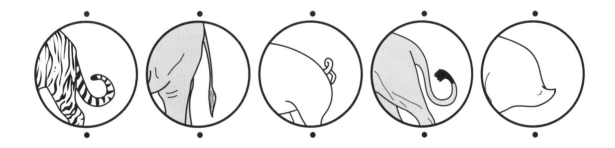

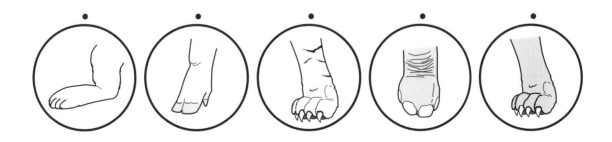

8

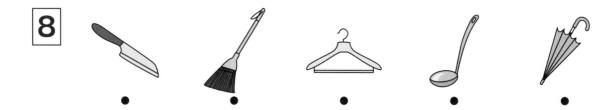

9

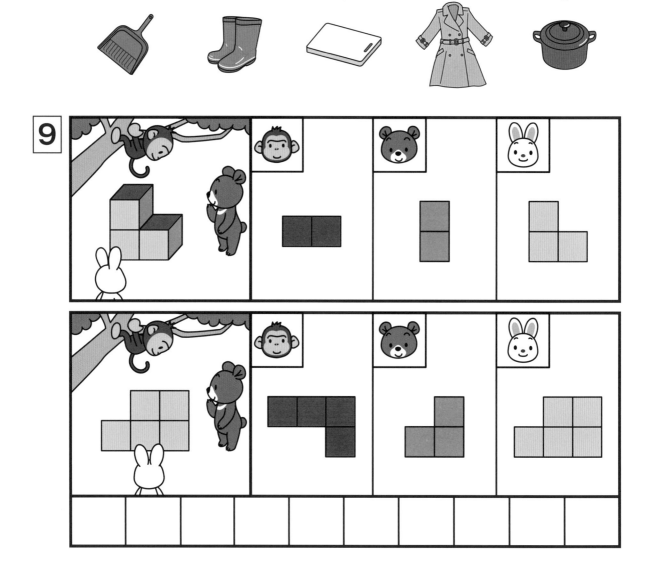

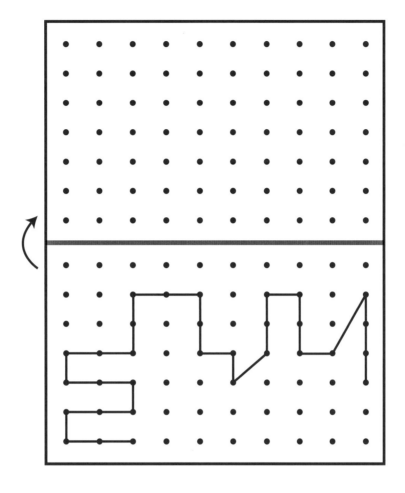

12

section 2020 聖心女子学院初等科入試問題

■ 選抜方法

考査は1日で、出願時に選択した面接日に応じてついた受験番号ごとに、約25人単位でペーパーテスト、集団テスト、運動テストを行う。所要時間は2時間～2時間30分。考査日前の指定日時に親子面接がある。

■ ペーパーテスト

筆記用具は鉛筆、クーピーペン（青、赤）を使用し、訂正方法は×（バツ印）。出題方法は口頭と音声。問題ごとに筆記用具の指示がある。

1 話の記憶

「クマ君とリスさんは仲よしです。今日も何をして遊ぼうかと相談し、一緒に散歩することにしました。クマ君は、いつも優しいリスさんのために何かをしてあげたいと思っていました。リスさんも優しいクマ君のために何かを手伝ってあげたいと思っていました。しばらく散歩していると、リスさんが『もうすぐ冬が来るでしょう？　おじいさんとおばあさんに、ドングリをたくさん届けてあげたいの』と言いました。しかし体の小さなリスさん1匹では、たくさんのドングリを拾うことはできません。『クマ君、手伝ってくれる？』リスさんが思い切ってクマ君にたずねてみると、『うん、もちろんだよ。喜んで手伝うよ！』とクマ君は言ってくれました。次の日、2匹はリュックサックを背負って、山に出発しました。『行ってきます！』と2匹が大きな声で言うと、リスさんのお父さんとお母さんが『日が暮れる前には帰ってくるんですよ』と言いました。2匹が山に着いて一緒にドングリを拾っていると、どこからか誰かが泣いている声が聞こえてきました。『どうしたんだろう？』と2匹は急いで声が聞こえてくる方に向かいました。するとそこには、ウサギさんがいました。『どうしたの？』と聞くと、ウサギさんは『足にとげが刺さってしまって、痛くて動けないの』と泣きながら言うのです。リスさんとクマ君は助けてあげたいと思いましたが、リスさんのお父さんとお母さんから日が暮れる前に帰ってくるようにと言われたことを思い出しました。『どうしよう。助けてあげたいけど、早くお家に帰らなければいけないし……』。リスさんとクマ君は顔を見合わせて少し考えましたが、かわいそうなウサギさんを助けてあげることにしました。リスさんは、『もうだいじょうぶよ』と優しく言いながらウサギさんの背中をなでてあげました。そしてとげを抜いてあげると、クマ君がハンカチを取り出してウサギさんの足に巻いてあげました。『どうもありがとう！』元気になったウサギさんは、2匹に手を振って帰っていきました。『元気になってよかったね』とほっとひと安心すると、ドングリをもっとたくさん拾うために、リスさんとクマ君はさらに森の奥に進んでいきました。2匹はドングリをたくさん拾ったので、リュックサックがパンパンになりました。『さあ、暗くなる前に帰らなくっちゃ』とリスさんが言

うと、クマ君も『そうだね、おじいさんとおばあさんに早く届けてあげよう』と言って、2匹はまた歩き出しました。途中でおなかがすいたので、拾ってきたドングリを3個ずつ食べました。ドングリはとてもおいしくて、元気が湧いてきました。『もう少しだね。頑張ろう』とクマ君が言って、またしばらく歩いていくと、リスさんのおじいさんとおばあさんが手を振っているのが見えてきました。『おじいさん、おばあさん！　いっぱいドングリを拾ったよ！』2匹は疲れていましたが、おじいさんとおばあさんのところまで走っていき、お土産のドングリを渡しました」

・お話と同じ季節のものの絵に、青のクーピーペンで○をつけましょう。
・左上にある太陽の絵から右下にある星の絵まで、お話の順番になるように青のクーピーペンで線を引いて絵をつなぎましょう。
・5人の女の子が、それぞれ次のように言いました。クマ君と同じ気持ちの女の子に青のクーピーペンで○をつけましょう。

オレンジ色の服の女の子	「運動会で転んでも頑張って走っている子を応援したよ」
黄色の服の女の子	「バレエの発表会で恥ずかしがらずに踊ったよ」
ピンクの服の女の子	「お母さんのお手伝いをしたら、お母さんがありがとうと言ってくれたよ」
水色の服の女の子	「運動会のかけっこで転んだけど最後まで走ったよ」
緑の服の女の子	「お友達と仲よく遊んだよ」

2 推理・思考（重さ比べ）

・上です。四角の中の絵がお手本です。タマネギ1個はナス2本とつり合います。ナス1本はトマト3個とつり合います。では、タマネギ1個はトマト何個とつり合いますか。その数だけ、右のマス目に青のクーピーペンで1つずつ○をかきましょう。
・同じお約束のとき、タマネギ2個はナス何本とつり合いますか。その数だけ、右のマス目に青のクーピーペンで1つずつ○をかきましょう。
・下です。四角の中の絵がお手本です。このお約束のとき、下の4つのシーソーで下がる方に青のクーピーペンで○をつけましょう。

3 常識（数詞）

・1本、2本と数えるものに青のクーピーペンで○をつけましょう。

4 常識（生活）

・球根を植えるときに使うものに、青のクーピーペンで○をつけましょう。
・お料理のときに身に着けるものに、赤のクーピーペンで○をつけましょう。

5 観察力・置換

・左上のお手本を見てください。イヌは三角、ウサギは丸、ヒツジは四角に換えるお約束です。ではその下を見てください。動物の顔が、太陽から星のところまでぐるりと並んでいますね。それぞれの顔の内側に、お約束の形を鉛筆でかきましょう。太陽のところから始めてください。

6 推理・思考

・左のマス目は透明な紙にかかれています。黒く塗られているところもありますね。このマス目を右に1回コトンと倒して真ん中のマス目にそのまま重ねたとき、透けて見える動物や果物の絵はどれですか。右の四角から選んで、青い枠のマス目を重ねた方は青のクーピーペンで、赤い枠のマス目を重ねた方は赤のクーピーペンで〇をつけましょう。

7 推理・思考（ルーレット）

・左の動物のルーレットと右の花のルーレットが、お部屋ごとにくっつきながら矢印の向きに回っています。動物のお部屋が1つ進むと花のお部屋も1つ進むということです。では、左のルーレットで、クマが今タヌキのいるところまで回ってきたとき、右のルーレットのどのお部屋とくっついていますか。下の四角から選んで、青のクーピーペンで〇をつけましょう。

・今度は3つのルーレットが、お部屋ごとにくっつきながら矢印の方向に回っています。左のルーレットで、バスが今自動車のあるところまで回ってきたとき、真ん中のルーレットのどの花のお部屋とくっついていますか。その花を左下の四角から選んで、赤のクーピーペンで〇をつけましょう。また、そのとき花のルーレットとくっついているのは、右のルーレットのどの動物のお部屋ですか。その動物を右下の四角から選んで、赤のクーピーペンで〇をつけましょう。

集団テスト

共同絵画

4人ずつのグループで立ったまま行う。グループごとの机の上に、お弁当箱に見立てて丸、三角、四角などがかかれた模造紙半分の大きさの紙、クレヨン1箱が用意されている。

・みんなで相談して、お弁当箱におかずを描きましょう。ただしデザートの果物は描いてはいけません。「終わりです」の合図があったら、描くのをやめて片づけましょう。

言 語

共同絵画の最中に1人ずつ質問される。

・何を描いていますか。

・お母さんの作るお料理で好きなものは何ですか。

・昨日の夕ごはんは何でしたか。

🔖 行動観察

グループごとに、大きなビニールシート1枚、はしやフォーク、皿などが入ったカゴが用意されている。

・靴を脱いで、ビニールシートに上がりましょう。みんなで描いたお弁当をビニールシートに置いて、お皿やおはしなどを準備して一緒にいただきましょう（食べるまねをする）。

運動テスト

🔖 リズム・模倣体操

・流れている曲に合わせて足踏みした後、その場をスキップで1回回り、テスターの合図で向きを変えて反対方向にスキップで1回回る。

・パーのときに手をたたくというお約束で、ケンケンパー・ケンケンパー・ケンパーケンパー・ケンケンパーをする。

・右足でケンケンをした後、両足を肩幅に広げて立ち、両腕を水平に広げた状態で上体を左に傾け、左手で左足のつま先に触る。その後同じように、今度は右足でケンケンをした後、両足を肩幅に広げて立ち、両腕を水平に広げた状態で上体を右に傾け、右手で右足のつま先に触る。

親子面接 | 親子とも同室で着席し、面接を受ける。

本 人

・幼稚園（保育園）では何の遊びが好きですか。それはどんな遊びですか。

・幼稚園（保育園）の壁には何が飾ってありますか。お花は飾ってありますか。

・雨の日には何をして遊びますか。

・雨の日に気をつけることはどのようなことですか。

・今日のお昼ごはんは何を食べてきましたか。

・食事のときに気をつけていることは何ですか。それは誰が教えてくれましたか。

・お父さんとは何をして遊びますか。

・お父さんのよいところはどこですか。

・お母さんの作る料理で好きなものと、お父さんのすごいと思うところを教えてください。
・花瓶を倒してしまいました。あなたならどうしますか。
・幼稚園（保育園）で大好きなお菓子を2ついただきました。あなたならどうしますか。
・家族みんなで出かけたとき、電車の席が1つだけ空いていました。あなたならどうしますか。
・道路を歩くときに気をつけることは何ですか。
・お母さんとお買い物に行ったとき、迷子になったらどうしますか。迷子にならないためにはどうしたらよいですか。
・小さなお友達に本を読んであげるとしたら何の本がよいですか。お父さん、お母さんと相談してください。
・（親子で相談後）何の本にしましたか。
・お友達がお家に遊びに来ることになったら、どんな準備をしますか。お父さん、お母さんと相談してください。
・（親子で相談後）どんな準備をすることにしましたか。

父　親

・志望動機を教えてください。
・ご家庭と学校の教育方針について共通点をお聞かせください。
・今までの人生経験の中で子育てに役立つこと、生かせることはありますか。
・男の子の自立と女の子の自立に違いはありますか。
・「グローバル」とは何ですか。詳しく教えてください。
・（願書からの質問で）自己肯定感はどのようにして作ると思いますか。
・お子さんはわがままを言うことはありますか。どのようなときですか。そのときの対応はどのようにしていますか。
・お子さんが思いやりの気持ちを持つためにどのようになさっていますか。
・公共の場でお子さんがマナー違反をしたらどうしますか。

母　親

・お仕事をされていますが、入学当初の送り迎えや急な呼び出しに対応できますか。
・通学時間についてお聞かせください。
・子育てをする中で何を大切にされていますか。
・ご家庭の教育方針についてお聞かせください。
・お母さまがお子さんに誇れることはありますか。
・願書に書かれたこと以外で、子育てで気をつけていることはありますか。
・願書に書かれたこと以外で、お子さんのよいところはどのようなところですか。
・（願書に書いてある内容から）なぜ、自然や芸術にふれることを大切にされているのですか。そのことでなぜ、人間性が養われると思うのですか。

1

3

4

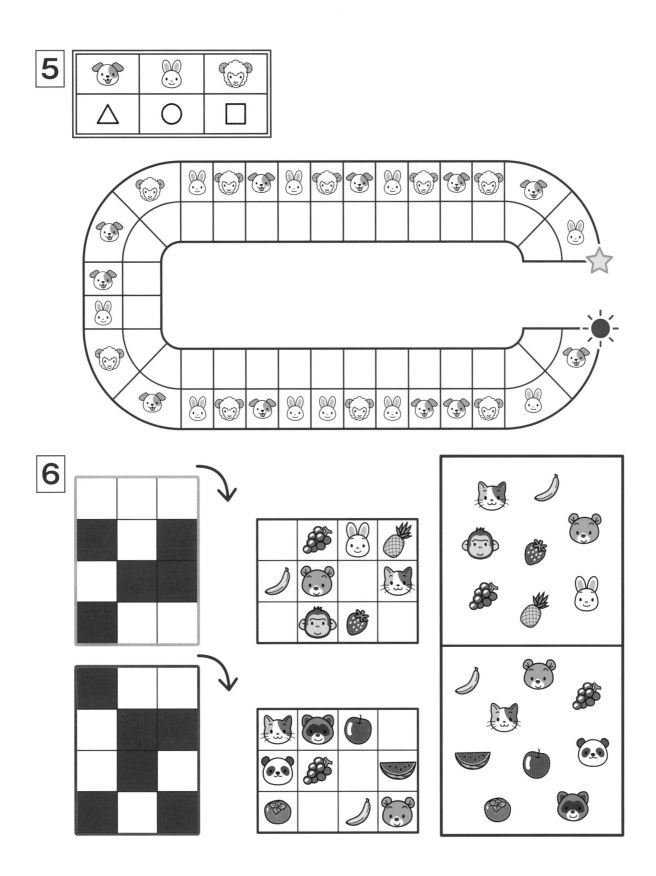

7

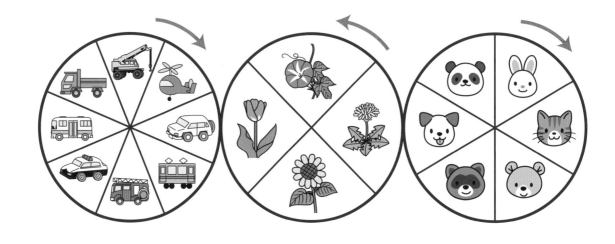

2019 聖心女子学院初等科入試問題

section

■ 選抜方法

考査は1日で、順不同についた受験番号ごとに、25〜30人単位でペーパーテスト、集団テスト、運動テストを行う。所要時間は約2時間。考査日前の指定日時に親子面接がある。

■ ペーパーテスト ┃ 筆記用具は鉛筆、クーピーペン（青、赤）を使用し、訂正方法は×（バツ印）。出題方法は口頭と音声。問題ごとに筆記用具の指示がある。

1 話の記憶

「さっちゃんが学校に行っている間、鉛筆たちはいつもスケッチブックにお絵描きをします。長い鉛筆君は『今日もお絵描きしよう』と言って車を描きました。その後赤鉛筆君が車を赤色に塗りました。とてもすてきな車に仕上がりました。その後ページをめくって、今度は短い鉛筆君がお花を描きました。かわいいお花を描いてから、次に茎と葉っぱを描こうとしましたが、とても短い鉛筆だったので、茎の線がグニャグニャになってうまく描けずに泣いてしまいました。そこで長い鉛筆君が、いつもまちがいを消してくれる消しゴムのゴムたろう君に消すのを頼もうと思いましたが、ゴムたろう君はさっちゃんと一緒に小学校に行っているので今はいません。みんなが困っていると、はさみのお兄さんがやって来て言いました。『ゴムたろう君はいないのか。困ったな。誰か、助けてあげてよ！』すると、ピンクの紙に包まれてリボンをつけた消しこちゃんがやって来ました。はさみのお兄さんが『お花の茎を消してくれない？』と言いましたが、消しこちゃんは『汚れちゃうから、いや。それに角が丸くなってしまうもの』と言うと、ぷいっとして行ってしまいました。でも、みんなの様子が気になった消しこちゃんはしばらくの間、陰からそっと見ていました。みんながどうやって消そうかと困っている様子を見ているうちに、消しこちゃんはだんだん『よし、わたし、頑張る！』という気持ちになり、陰から飛び出しました。そして、お花の茎を消し始めました。一生懸命消しているうちに頭が真っ黒になり、とがっていた角はポロッととれてしまいました。それを見ていたはさみのお兄さんが『ありがとう。でも、消しこちゃんは汚れるのがいやなんじゃなかったの？』と聞きました。すると消しこちゃんは『みんながいろいろ頑張っていたけど消えなくて困っていたから……』と答えました。消しこちゃんは角がとれ、汚れてしまいましたが、みんながとても喜んでくれたのでなんだかうれしい気持ちになりました。『誰かのために何かをしてあげたのは、生まれて初めて！』と消しこちゃんも喜びました」

・さっちゃんが学校に行っていたときにお家にいたもの全部に青いクーピーペンで○をつ

けましょう。

・左上の二重四角の絵から始めてお話の順番になるように、青いクーピーペンで絵をつなぎましょう。

・女の子たちがそれぞれ次のように言いました。お話の最後のときの消しこちゃんと同じ気持ちの女の子に、青いクーピーペンで〇をつけましょう。

オレンジ色の服の女の子　「おばあさんに席を譲ってあげたよ」

黄色の服の女の子　　　　「苦手なお弁当のおかずも食べたよ」

ピンクの服の女の子　　　「床にごみが落ちていたから拾ったよ」

水色の服の女の子　　　　「運動会のかけっこで転んだけど最後まで走ったよ」

緑の服の女の子　　　　　「おけいこに遅れないようにお家を早く出たよ」

2 数量（進み方）

・リスとクマがドングリを拾いながら進んでいきます。2匹とも1回に1つずつドングリを拾っていくと、2匹が出会うのはどこですか。そのドングリに青いクーピーペンで〇をつけましょう。

・今度はリスが1回に1つずつ、クマが1回に2つずつドングリを拾いながら進むと、2匹が出会うのはどこですか。そのドングリに赤いクーピーペンで〇をつけましょう。また、それはドングリを何回拾ったときですか。その数だけ下の長四角に赤いクーピーペンで〇をかきましょう。

3 推理・思考（重さ比べ）

・上の段です。シーソーの様子を見て、一番重い動物と赤い星の点と点を線でつなぎましょう。2番目に重い動物は青い星と、3番目に重い動物は緑の星とつなぎましょう。鉛筆を使ってください。

・下の段です。シーソーの様子を見て、一番重い野菜と赤い星の点と点を線でつなぎましょう。2番目に重い野菜は青い星と、3番目に重い野菜は緑の星と、4番目に重い野菜は紫の星とつなぎましょう。鉛筆を使ってください。

4 常識（数詞）

・1匹、2匹と数えるものには青いクーピーペンで、1本、2本と数えるものには赤いクーピーペンで〇をつけましょう。

5 常識（なぞなぞ）

・わたしは体を洗います。使えば使うほど小さくなります。わたしはどれでしょう。合う絵の下の四角に鉛筆で〇をかきましょう。

・わたしは空に上がったり、地面についたりします。わたしはどれでしょう。合う絵の下

の四角に鉛筆で○をかきましょう。

・わたしはいろいろな人を乗せます。四角い形をしています。上がったり下がったりします。わたしはどれでしょう。合う絵の下の四角に鉛筆で○をかきましょう。

6 言語（しりとり）

・それぞれのものの名前の真ん中の音と、次にくるものの名前の最初の音をつなげます。二重丸の中のアヒルから始めて、できるだけ長くつながるように青いクーピーペンで絵を結びましょう。

7 言　語

・冷蔵庫という言葉の中には「ゾウ」が隠れていますね。同じように、上の絵の名前の中には生き物が隠れています。隠れている生き物をそれぞれ下から選んで、青いクーピーペンで点と点を結びましょう。

8 数　量

・一番上の段にミカンが描いてありますね。そのすぐ下の段を見てください。上の四角の半分の数だけミカンが描いてある四角に、青いクーピーペンで○をつけましょう。

・その下の段です。合わせるとミカンがちょうど10個になる四角2つに、青いクーピーペンで○をつけましょう。

・一番下の段です。合わせるとミカンがちょうど10個になる四角3つに、青いクーピーペンで○をつけましょう。

9 観察力（同図形発見）

・左上のお手本のロボットと同じ絵に、大きく○をつけましょう。お手本のロボットと違っている絵には、お手本と違っているところに○をつけましょう。青いクーピーペンでやりましょう。

10 点図形

・真ん中の線で折ったときにピッタリ重なるように、右側に鉛筆でかきましょう。

▌ 集団テスト ▌

🖼 共同制作

4人ずつのグループで立ったまま行う。グループごとの机の上に、お弁当箱に見立てた楕円がかいてある紙、折り紙、色画用紙、クレヨン1箱、セロハンテープ1つがカゴに入れ

て用意されている。テスターの指示で作り始め、「終わりです」という合図で作業をやめる。

・ピクニックのお弁当を作りましょう。どんなおかずを作るかグループのみんなで相談し、用意された材料を自由に使って作りましょう。クレヨンで描き足してもよいですよ。はさみはないので、切るときは手でちぎりましょう。作ったおかずなどをお弁当箱のどこに盛りつけるかをみんなで相談して決め、セロハンテープで貼りつけましょう。

言 語

共同制作の最中に1人ずつ質問される。

・お休みの日にはお父さんと何をして遊びますか。
・お弁当の中で一番好きなものは何ですか。

運動テスト

リズム

・「今日はピクニックに行きます。スキップで行きましょう」と促され、音楽に合わせてスキップする。
・「川にワニがいます。そっと歩きましょう」という促しに合わせてそっと歩く。
・スキップしながら、両手を肩に置く→両腕を前に伸ばす→両手を肩に置く→手をたたく。
・その場でスキップしながら、頭の上で手をたたく。

親 子 面 接
親子とも同室で着席し、面接を受ける。

本 人

・幼稚園（保育園）でする遊びでは何が好きですか。それはどんな遊びですか。
・お母さんの作る料理で好きなものと、お父さんのすごいと思うところを教えてください。
・幼稚園（保育園）で大好きなお菓子を2つもらいました。あなたならどうしますか。
・食事のときに気をつけていることは何ですか。そのことについて、誰が教えてくれましたか。
・家族みんなで出かけたとき、電車の席が1つだけ空いていました。あなたならどうしますか。
・今から水槽をプレゼントします。水槽で何を飼いたいか、お父さまやお母さまと相談してください。
・（親子で相談後）なぜその魚を飼いたいのですか。
・これからお家の大掃除をします。お父さまやお母さまと役割を相談してください。

・（親子で相談後）どのように決まったか教えてください。

父 親

・志望理由をお聞かせください。
・本校の教育理念とご家庭の教育理念の共通点は何ですか。
・今までの経験の中で得たことや大事だと思うことを、お子さんにどのように伝えていますか。
・思いやりの心を育むために、ご家庭でされていることは何ですか。

母 親

・お仕事をされていますが、入学当初の送り迎えや急な呼び出しに対応できますか。
・お母さま同士のおつき合いで気をつけていることは何ですか。
・子育ての役割分担は、ご主人とどのようにされていますか。

2

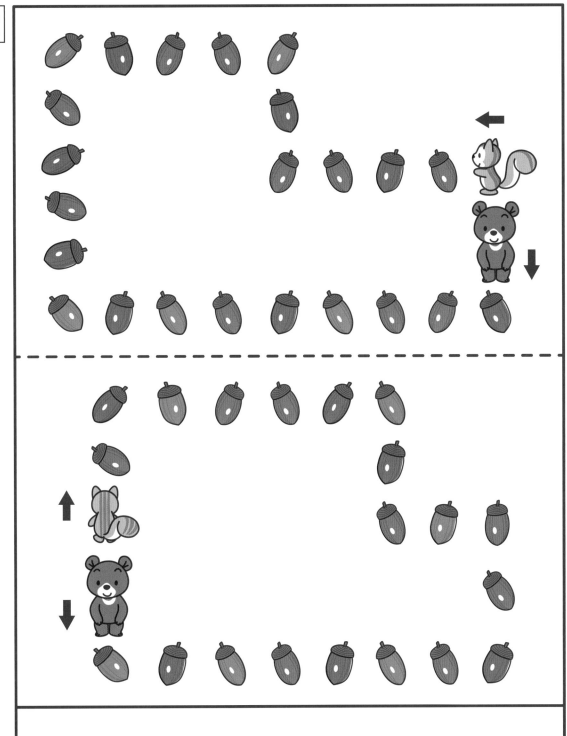

3

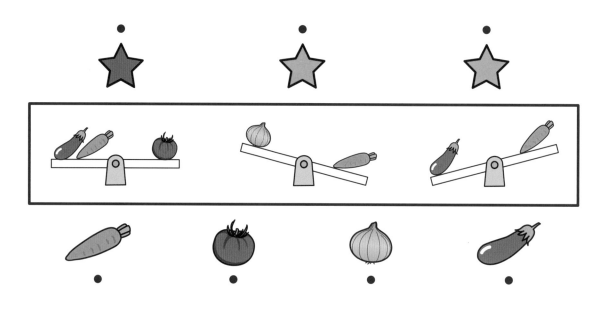

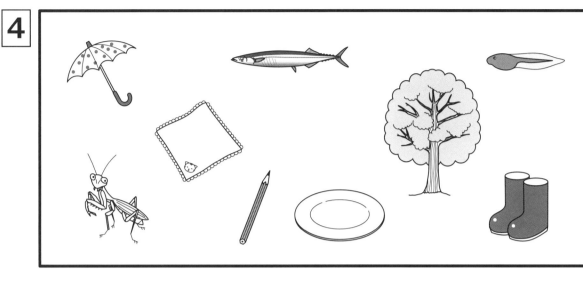

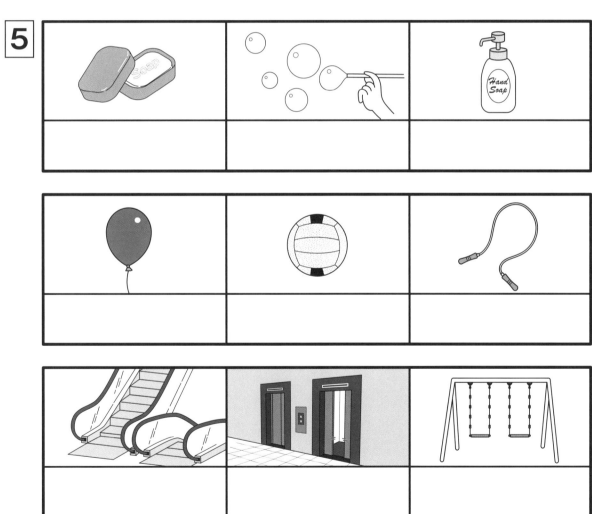

4

5

6

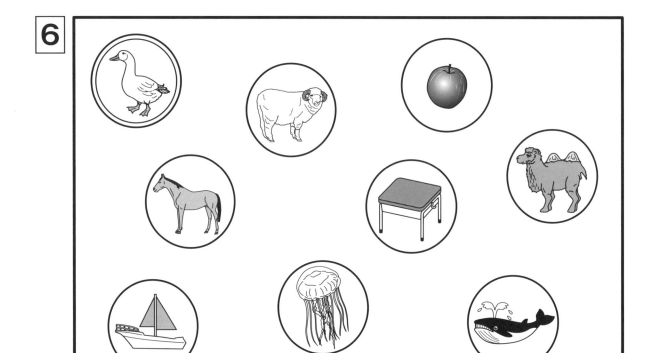

7

8

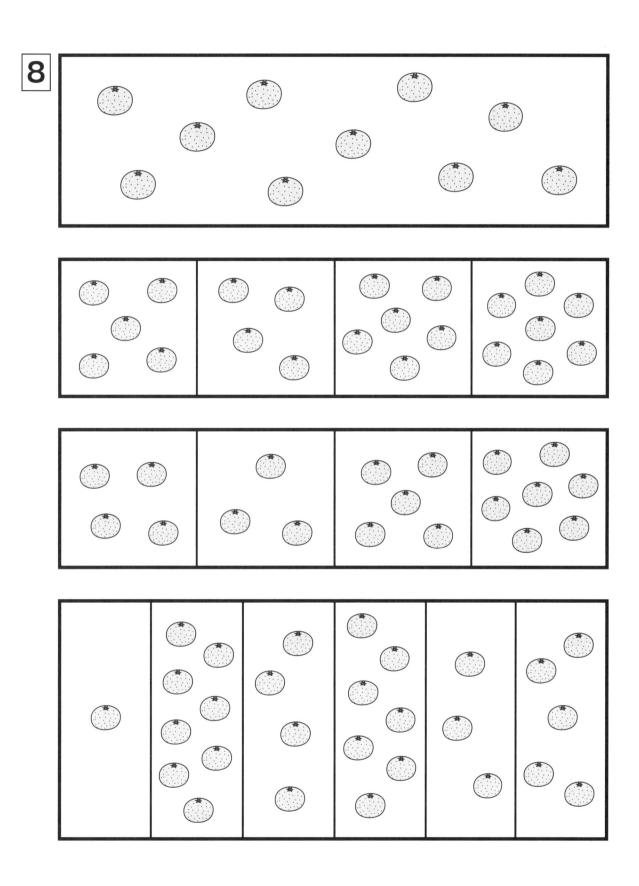

9

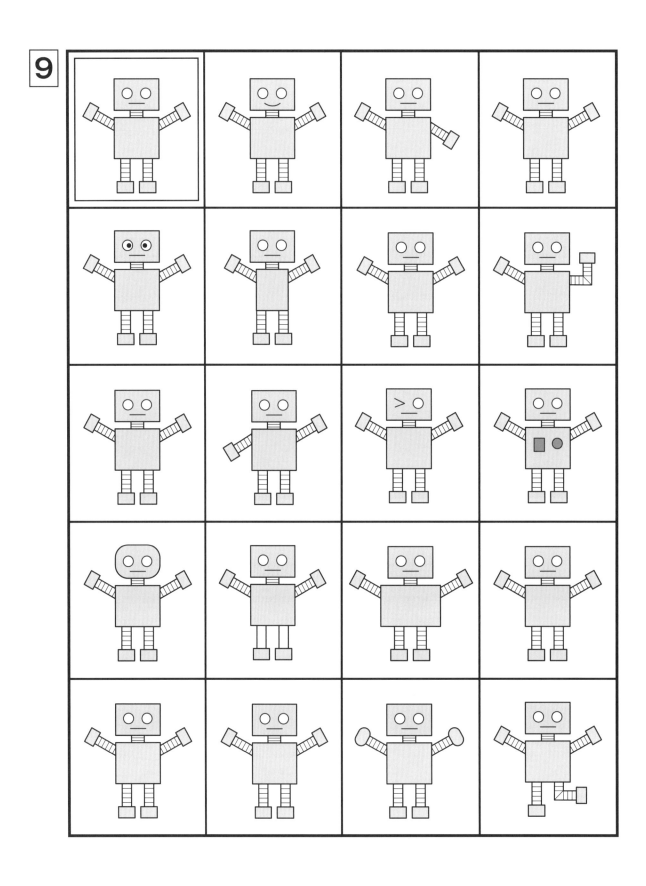

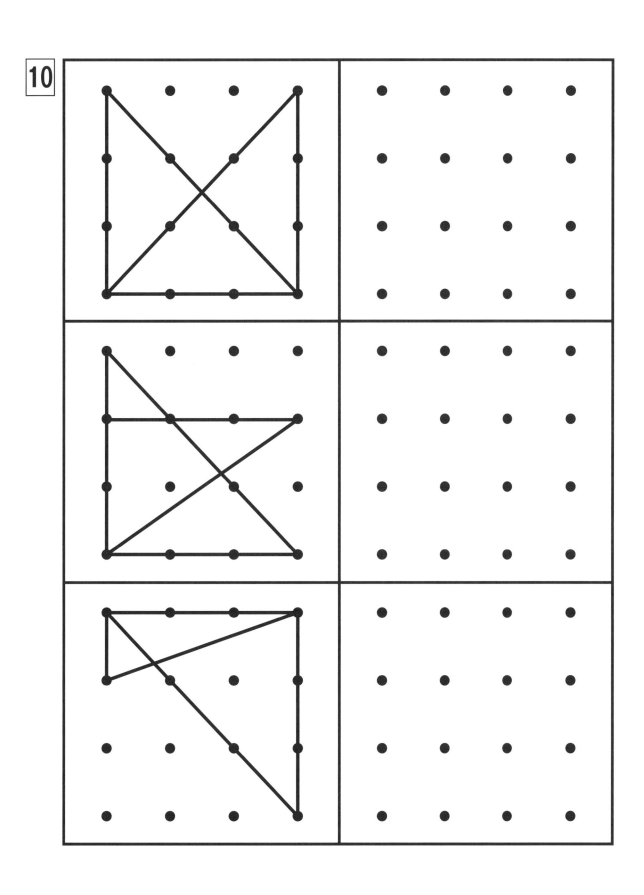

2018 聖心女子学院初等科入試問題

■ 選抜方法

考査は1日で、順不同についた受験番号ごとに、25〜30人単位でペーパーテスト、集団テスト、運動テストを行う。所要時間は約2時間。考査日前の指定日時に親子面接がある。

┃ペーパーテスト┃ 筆記用具は鉛筆、クーピーペン（青、赤）を使用し、訂正方法は×（バツ印）。出題方法は口頭と音声。問題ごとに筆記用具の指示がある。

---

1 話の記憶

「あいちゃんとお姉ちゃんは、2人で動物園に行きました。あいちゃんは大きい動物が好きなので、ライオンやクマ、キリン、ゾウを見ました。お姉ちゃんは小さい動物が好きなので、ふれ合い広場でリスやモルモット、ウサギに触りました。帰ろうとしたとき、アナウンスが流れました。『今日動物園に来た方には、野菜の苗をプレゼントします』。そこで、大きいものが好きなあいちゃんは一番大きな植木鉢の苗を、小さいものが好きなお姉ちゃんは一番小さな植木鉢の苗をもらいました。2人はお家に持ち帰り、あいちゃんは大きな畑、お姉ちゃんは小さな畑をお庭に作って苗を植え替え、毎日水やりをして大切に育てました。ある日、お姉ちゃんの苗から黄色いお花が咲きました。それから日に日にジャングルのように大きくなって、お花もたくさん咲きました。あいちゃんの苗からは、最初にツルが長く伸びてきただけでした。これからどうなるのかなと思いながら水をあげていたら、ある日、白い花が咲きました。あいちゃんが『お姉ちゃんの畑にはお花がたくさん咲いて、いいな』と言うと、お姉ちゃんが『交換してあげようか？』と言いました。『ううん、だいじょうぶ。自分の苗を育ててみる』とあいちゃんは言いました。秋になり、お姉ちゃんの畑にはカボチャがいっぱい実りました。ところがあいちゃんの畑には枯れたお花だけ。それでもあいちゃんは毎日お水をあげました。でも、何の実もなりません。がっかりしていたあいちゃんに、ある日お姉ちゃんが『土の中を見てごらん』と教えてくれました。見てみると、そこには赤いものがありました。なんと、サツマイモが土の中にどっさり育っていたのです。あいちゃんとお姉ちゃんが育てたカボチャとサツマイモは、2人ではとても食べきれない量でした。それで2人でスイートポテトや焼きいも、カボチャのプリンやパンを作って、お友達を呼んでパーティーをしました。あいちゃんは、『うまくいかないことがあっても、最後まで一生懸命頑張ればいいのね』と思いました」

・あいちゃんとお姉ちゃんの植木鉢とその苗から育ったお花をそれぞれ選んで、あいちゃんのものは赤いクーピーペンで、お姉ちゃんのものは青いクーピーペンで、点と点を線

で結びましょう。

・女の子4人が工作で何かを作っているとき、それぞれ次のように言いました。あいちゃんと同じ気持ちの女の子に○をつけましょう。

赤い服の女の子　　「お友達が困っていても手伝わない」
青い服の女の子　　「できないからやめよう」
黄色の服の女の子　「ポケットの飾りが難しいけど頑張ろう」
緑の服の女の子　　「困っている子がいるから手伝おう」

② 数量（分割）

・左のお手本と同じように右のアメを袋に入れると、袋はいくつできますか。その数だけ下のマス目に1つずつ○をかきましょう。

③ 数量（マジックボックス）

・上の四角がお約束です。トラックがそれぞれの色のトンネルを通ると、赤丸でかかれた荷物の数が増えたり減ったりします。では、すぐ下の絵を見てください。左のトラックが赤いトンネルを通ると、荷物が右のようになりました。クエスチョンマークのところには、荷物はいくつありましたか。その数だけ太陽の横のマス目に1つずつ○をかきましょう。

・点線の下を見てください。同じお約束でトラックがクエスチョンマークのついたトンネルを通ったら、荷物の数が絵のようになりました。クエスチョンマークのついたトンネルの色を下から選んで、点と点を線で結びましょう。

④ 数量（対応）

・ニンジンを、大人のウサギには2本、子どものウサギには1本あげるお約束です。赤いリボンのウサギがニンジンを10本持っていき、上にある3軒のお家に配りました。ニンジンは何本余りますか。その数だけ太陽の横のマス目に1つずつ○をかきましょう。

・同じお約束で、緑のリボンのウサギもニンジンを10本持っていき、上にある3軒のお家に配ると、ニンジンが1本余りました。真ん中のお家にはどのウサギたちがいましたか。下から合う絵を選んで○をつけましょう。

⑤ 常　識

・太陽の段です。キリンの首、ウマのしっぽ、ウサギの耳の中で一番長いものに○をつけましょう。

・星の段です。この絵の中で、本物が一番広いものに○をつけましょう。

・月の段です。あいちゃんが『公園でお山を作ろう』と言いました。公園に持っていくものに○をつけましょう。

・雲の段です。お外は太陽がジリジリ照っています。暑いので、あいちゃんは『あれを持っていかなくちゃ！』と言いました。あいちゃんが持っていったものに○をつけましょう。

・虹の段です。公園までの道の途中で、横断歩道の青い信号がチカチカしています。あなただったらどうしますか。3つの絵の中から選んで○をつけましょう。

6 推理・思考（回転図形）

・タイヤに模様のある車が少し進んで止まると、矢印の右のようになりました。タイヤの模様の足りないところをかき足しましょう。模様は右の大きなタイヤにかいてください。

7 観察力

・上がお手本です。下にお手本と同じようにネコの絵を描きましたが、2番目のネコから目を描くのを忘れてしまいました。2番目のネコからお手本の順番で目を鉛筆で描いていきましょう。

8 話の理解・言語

公園で遊んでいる子どもたちの様子についてそれぞれお話をします。お話が正しいと思ったらそれぞれの子どもの隣にある白い星に、何だかおかしいことを言っていると思ったら黒い星に○をつけましょう。

・ブランコが女の子に乗っています。

・公園の中で走っている男の子がいます。

・女の子は砂場と穴を掘っています。

・男の子はお友達と公園の砂場を遊んでいます。

・しま模様の服を着た女の子が縄跳びをしています。

9 話の理解

・はなこさんのお父さんはひげは生えていません。眼鏡をかけていて、帽子をかぶっていない人です。たろう君のお父さんはひげが生えていて帽子をかぶっていない、はなこさんのお父さんから見て右隣の人です。たろう君のお父さんの下の四角に○をかきましょう。

集団テスト

📖 共同絵画

4人ずつのグループで立ったまま行う。グループごとの机の上に、店構えだけが描いてあ

る紙（模造紙半分の大きさ）、クレヨン1セットのみが用意されている。

・みんなで何のお店にするか相談して、何屋さんかわかるようにお店の看板を描きましょう。

🔲 言　語

共同絵画の最中に1人ずつ質問される。

・何を描いていますか。

・誰とお買い物に行きますか。

・いつもどこのお店に行きますか。

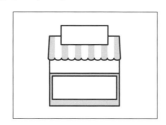

運動テスト

🔲 模倣体操

・手を前に出して腰を振る。

・ひざの屈伸を行う。

🔲 ダンス

曲に合わせて、テスターのお手本と同じ動きをする。その場でスキップして回る→両手を小さく振る→両手を大きく振る→両手を大きくゆっくり振る→手を振りながらしゃがむ→好きなポーズをする。

親 子 面 接　親子とも同室で着席し、面接を受ける。

本 人

・お名前と幼稚園（保育園）の名前を教えてください。

・幼稚園（保育園）のお友達とする遊びは何ですか。

・ブランコに乗ったことはありますか。あなたがブランコに乗っていたらお友達が来て、ブランコに乗りたいと言いました。どうしますか。

・新しいお友達と仲よく遊ぶにはどうしたらいいですか。

・お友達に意地悪をされたらどうしますか。

・最近頑張っていることは何ですか。

・魔法が使えたら何をしたいですか。

・（母親への最後の質問例、親子での相談の後で）何をするか決まりましたか。

父　親

・志望理由をお聞かせください。

・本校の教育方針とご家庭の教育方針の共通点は何ですか。

・お子さんが、奥さまに似てほしいと思うところはどこですか。

※ほかに願書に書かれていることについての質問がある。

母　親

・お仕事についてお聞かせください。

・お仕事をしていらっしゃいますが、学校行事や急な呼び出しがあったときには学校を優先していただけますか。

・子育ての中で大切にされていることはどんなことですか。

・母親同士のおつき合いで気をつけていることは何ですか。

・ご家庭の中でご主人と意見が一致しない場合はどうしますか。

・今度のお休みに楽しいことをするとしたら、何をしますか。ご家族で今、2分くらいで話し合ってください。

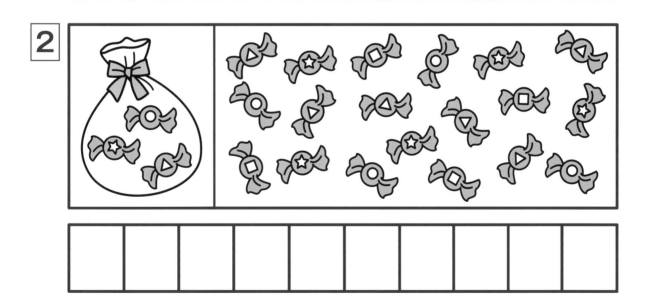

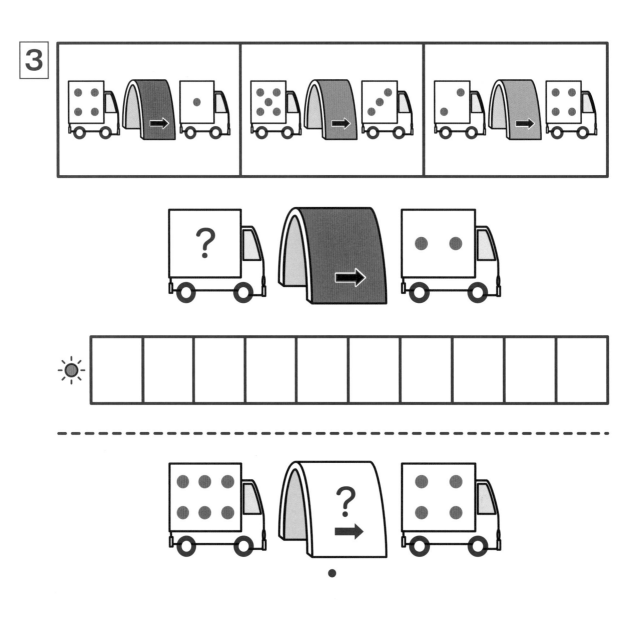

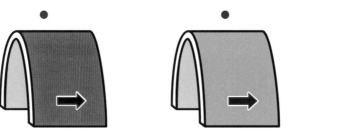

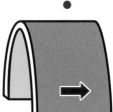

4

5

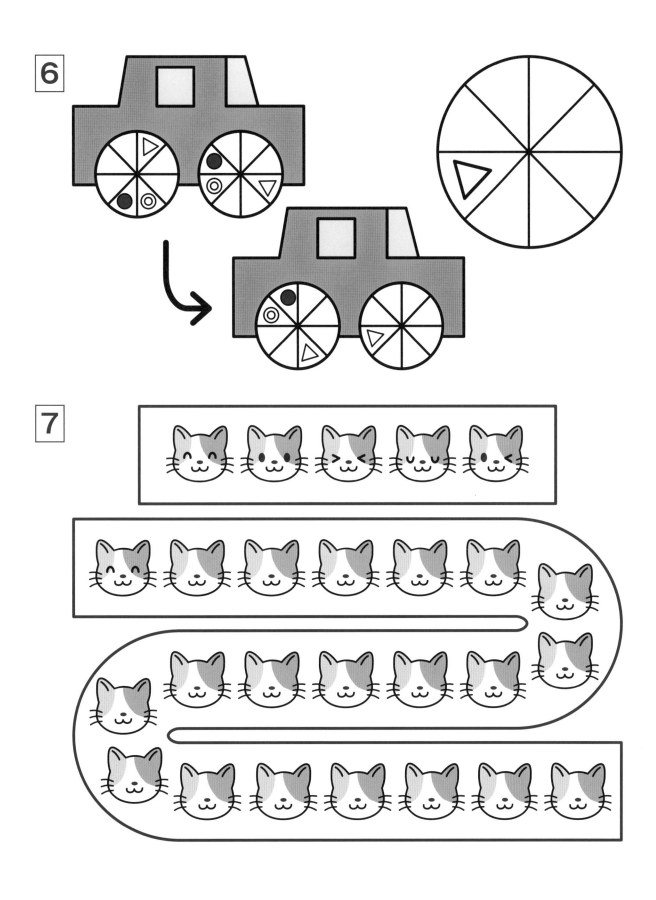

8

9

2017 聖心女子学院初等科入試問題

選抜方法

考査は1日で、順不同についた受験番号ごとに、約25人単位でペーパーテスト、集団テスト、運動テストを行う。所要時間は約2時間。考査日前の指定日時に親子面接がある。

ペーパーテスト

筆記用具は鉛筆、青のクーピーペンを使用し、訂正方法は×（バツ印）。出題方法はテープ。※鉛筆と指示のある問題以外はクーピーペンを使用。

1 話の記憶

「森の動物たちはかくれんぼやオニごっこをして、いつも仲よく遊んでいます。ある日、神様はみんなのいいところをその動物の印として与えてくださっているというお話を聞き、動物たちはいいところ探しをすることにしました。『小鳥さんはきれいな羽を広げて森の奥まで飛んでいき、木の実や果物を採ってきてくれるでしょう。そのおかげでみんながおいしいものを食べられるから、小鳥さんの印は羽だわ』。『リス君は冬になるとふさふさのしっぽでみんなをくるんで温めてくれるから、リス君の印はしっぽだね』。『ウサギさんは病気で元気がない人に踊りを踊って見せて元気にしてあげられるから、踊りを踊る脚が印ね』。『じゃあロバ君の印は？』とみんなで考えましたが、ロバ君の印はなかなか思いつきませんでした。次の日、朝一番に目を覚ましたウサギさんが『今日は何をして遊ぼうかな』と言いました。次にリス君が目を覚まして『いいお天気！　今日もみんなと遊ぼう』と言いました。次に目を覚ましたのはロバ君で、『今日は何をして遊ぼうかな。オニごっこがいいかな。かけっこがいいかな』とうれしそうです。最後に目を覚ました小鳥さんは、『わあ、もうこんな時間。早くみんながいる広場に行かないと』と慌てました。小鳥さんが広場へ行くとみんなはもう集まっていて、かけっこをして遊ぶことになりました。さっそくかけっこが始まりました。ウサギさんは夢中で走っているうちに森の奥まで来てしまったことに気がつきました。驚いたウサギさんは石につまずいて転んでしまい泣き出しましたが、周りには誰もいません。『痛いよ。助けてー！』と泣いていると、ロバ君がその声に気がつき走っていきました。ロバ君が『だいじょうぶ？』と優しく声をかけると、ウサギさんは『石につまずいて転んでしまったの、助けて』と言いました。ロバ君が『かわいそうに』と言って背中に乗せてあげると、ウサギさんは『ロバ君の耳はとてもよく聞こえるのね、助かったわ。どうもありがとう』と喜びました。2匹がみんなのところに戻ると、リス君が『ロバ君の印はよく聞こえる耳だね！』と言い、みんなは『そうだね！』と大賛成しました。全員の印が見つかって、動物たちはとてもうれしくなりました」

・左の四角を見てください。石につまずいた動物に○をつけましょう。

・石につまずいた動物を助けてあげた動物に鉛筆で○をつけましょう。

・右の四角を見てください。それぞれの動物が神様からもらった印はどこでしたか。体のその場所に○をつけましょう。

2 数 量

・女の子がアメを3個持っています。あといくつで6個になりますか。その数だけ三日月の印の長四角に○をかきましょう。

・女の子がアメを10個持っています。弟に2個あげると、アメはいくつ残っていますか。その数だけ星の印の長四角に○をかきましょう。

・女の子がアメを10個持っています。あといくつで15個になりますか。その数だけ太陽の印の長四角に○をかきましょう。

3 言 語

・四角の中にいろいろなものが描いてあります。名前のどこかに「ン」のつくものに○をつけましょう。

・「ヨット」のように名前のどこかにつまる音があるものに鉛筆で○をつけましょう。

4 常 識

・カメのように卵から生まれるものに○をつけましょう。

5 推理・思考（水の量）

・水の入った4つの入れ物があります。それぞれにスプーン1杯ずつのシロップを入れたとき、3番目に水が甘くなる入れ物に○をつけましょう。

6 推理・思考（重さ比べ）

・一番上の長四角がお約束です。赤いコップ1個は青いコップ2個と同じ重さ、青いコップ1個は黄色いコップ2個と同じ重さです。では下の8つの四角の中から、赤いコップ1個、青いコップ1個、黄色いコップ1個を合わせたものと同じ重さの四角を探して○をつけましょう。

7 推理・思考（四方図）

・上の絵を見ましょう。女の子がお家の窓からこちらを見ています。下の絵は女の子から見えている様子を描いたものですが、おかしいところがあります。おかしいところを探して○をつけましょう。

8 巧緻性

・女の子が男の子のところまで行きます。道の真ん中に鉛筆で線を引きましょう。

9 数量（すごろく）

・ネコとイヌがすごろく遊びをしています。ネコは1度に1つ左へ、イヌは1度に2つ右へ進むお約束です。今いるところからネコとイヌが順番にマス目をお約束通りに進むと、2匹が一緒に入るマス目はどこですか。そのマス目に○をかきましょう。

・ゾウ、リス、ウサギが、左上の星から右下の三日月までマス目を進みます。緑のマス目にちょうど止まったときはそこからさらに3つ前に進み、青のマス目にちょうど止まったときはそこから1つ戻るお約束です。真ん中にそれぞれの動物の振って出したサイコロの目がかいてあります。ではゾウのところを先生と一緒にやってみましょう。サイコロを4回振ったら、顔の横にかいてある目が出て、ゾウは顔の描いてあるマス目まで進みました。空いている四角にはどのサイコロの目が入りますか。空いている四角にサイコロの目をかきましょう（テスターが一緒に行い、ゾウの列の四角にサイコロの目をかく）。リスとウサギも同じようにやりましょう。

10 話の理解・常識

上の段です。お話を聞いて、それぞれの女の子が使う体の部分に鉛筆で○をつけましょう。
・一番左です。転んだお友達のところまで行くとき、体のどこを使いますか。
・左から2人目です。転んだお友達を起こしてあげるとき、体のどこを使いますか。
・左から3人目です。お友達に「だいじょうぶ？」と言うとき、体のどこを使いますか。
・一番右です。お友達とぶつかって「だいじょうぶかな？」と相手を見るとき、体のどこを使いますか。

・下の段です。4匹の動物がお話をしています。正しいことを言っている動物に○をつけましょう。
　　シカ　　　「信号が青から赤に変わるときには道路は渡らないよ」
　　ヒツジ　　「元気だから電車の中で優先席に座っていいよ」
　　ゾウ　　　「電車におじいさんとおばあさんが乗ってきたら席を譲るよ」
　　ニワトリ　「道路の反対側でお母さんが呼んだらどこでも渡っていいよ」

集団テスト

11 共同絵画

3、4人のグループで立ったまま行う。グループごとの机の上に、動物のいない動物園の絵が描いてある模造紙1枚、クレヨン（12色）1セットのみが用意されている。

・みんなで相談して、柵やおりの中に動物を描きましょう。

運動テスト

リズム・片足バランス・スキップ

・その場で足踏みをする。
・手を横に伸ばしてその場で足踏みをする。
・片足バランスをする。
・その場でスキップをする。

親 子 面 接　　親子とも同室で着席し、面接を受ける。

本 人

・お名前を教えてください。
・幼稚園（保育園）ではどのような遊びをしますか。
・お母さんと一緒にすることは何ですか。
・お父さんのどのようなところがすごいと思いますか。
・お父さんから頑張りなさいと言われていることは何ですか。
・お友達と仲よくするにはどうしたらいいと思いますか。
・お友達とけんかをしたらどうしますか。
・知らない人に声をかけられたらどうしますか。

父 親

・志望理由をお聞かせください。
・本校の教育方針とご家庭の教育方針の共通点は何ですか。
・奥さまの作る料理で好きなものは何ですか。
・奥さまのよいところを挙げてください。
・父親の役割とは何だと思いますか。
・今まで生きてきて役に立った事柄、先人の言葉などをお話しください。

母 親

・お子さんがお友達とけんかをして帰ってきたらどうしますか。

・お子さんがおゆうぎ会でやりたかった役ができなかったとき、どのように声をかけますか。今お子さんに伝えてください。

・お店の前で「みんな持っているからどうしても買って」と座り込んで動かなくなったお子さんに何と言いますか。

・夜寝る前にお部屋が散らかっています。お片づけをするように今お子さんに伝えてください。

・お子さんと買い物に行ってとても疲れて電車で帰っているとき、席が１つだけ空いていました。そばにお年寄りの方が立っていらっしゃいます。どうしますか。今お子さんにお話ししてください。

1

2 ☽

☆

☀

5

6

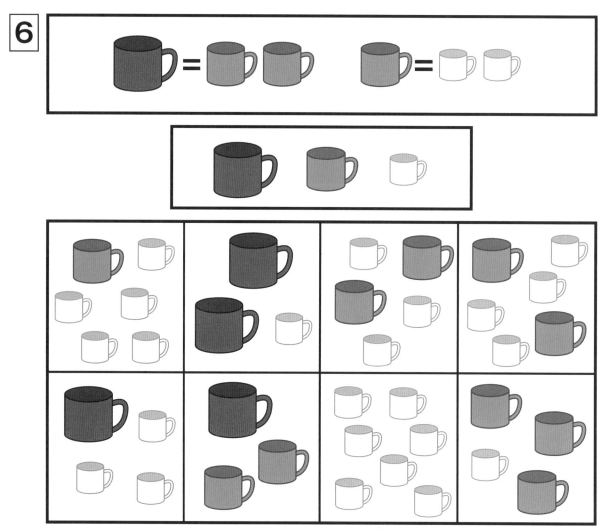

7

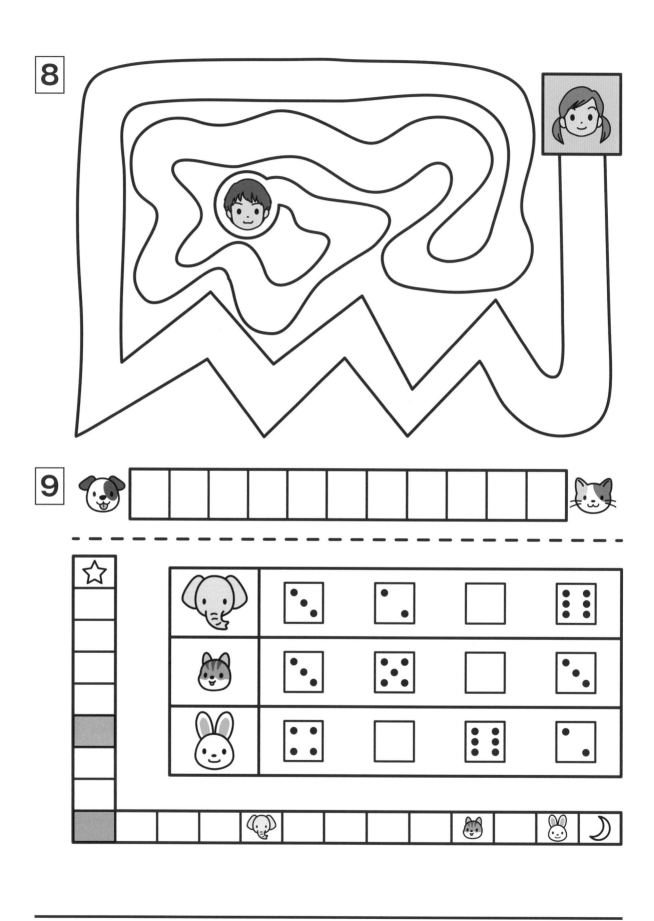

10

11

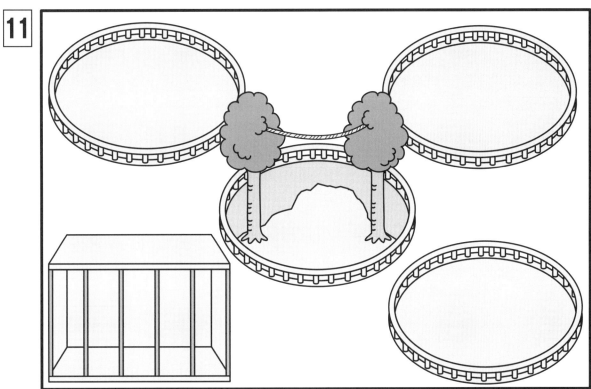

2016 聖心女子学院初等科入試問題

■ 選抜方法

考査は１日で、順不同についた受験番号ごとに、約10人単位でペーパーテスト、集団テストを行う。所要時間は約２時間。考査日前の指定日時に親子面接がある。

┃ ペーパーテスト

筆記用具は鉛筆、青のクーピーペンを使用し、訂正方法は ×（バツ印）。出題方法は口頭。※鉛筆と指示のある問題以外はクーピーペンを使用。

1 話の記憶

※カラーで出題。絵の中の指示通りに色を塗ってから行ってください。

「明日はクリスマス。窓の外は雪が降っています。ウサギさんは、外を眺めていたら雪遊びをしたくなりました。帽子をかぶり水色の手袋をはめて外に出ると、『あれ？』雪の中から葉っぱが出ているのを見つけました。『何だろう？』と思いその葉っぱの下を掘ってみると、なんとそこから紫色のカブが出てきました。ウサギさんはさっそくそのカブを食べようとしましたが、ふとお友達のロバさんの顔が浮かびました。そのままウサギさんはロバさんのお家にカブを持っていきました。『ロバさーん』と呼んでみましたが返事がありません。『トントン』とドアをたたいてみましたがロバさんはお留守のようです。仕方がないので、ウサギさんはロバさんのお家のドアの前にカブを置いていきました。しばらくたって、ロバさんがお家に帰ってきました。緑色のリュックサックを背負っています。ロバさんはリュックサックを下ろすと、中からジャガイモを出しました。ペロッとジャガイモ４個を食べてしまい、ジャガイモが残り１個になったところでカブを食べようとしましたが、ふとお友達のヒツジさんの顔が浮かびました。そのままロバさんはヒツジさんのお家にカブと残ったジャガイモを持っていきました。『ヒツジさーん』と呼んでみましたが返事がありません。仕方がないので、ロバさんはヒツジさんのお家のドアの前にカブとジャガイモを置いていきました。するとしばらくたって、ヒツジさんがお家に帰ってきました。手には赤いバスケットを持っています。ヒツジさんは赤いバスケットからキャベツを出しました。ヒツジさんはそのおいしそうなキャベツをむしゃむしゃと食べ、残りの葉っぱが３枚になったところでカブを食べようとしましたが、ふとお友達のシカさんの顔が浮かびました。そのままヒツジさんはシカさんのお家にカブとジャガイモと残りのキャベツの葉っぱを持っていきました。『シカさーん』と呼んでみましたが返事がありません。仕方がないので、ヒツジさんはシカさんのお家のドアの前にカブとジャガイモとキャベツの葉っぱを置いていきました。するとしばらくたって、シカさんがお家に帰ってきました。茶色い袋を持っています。シカさんはカブを食べようとしましたが、ふとお友達のウサギ

さんの顔が浮かびました。そのままシカさんは、ウサギさんのお家にカブとジャガイモとキャベツの葉っぱを持っていきました。窓からウサギさんのお家をのぞいてみるとウサギさんはもう寝ていました。シカさんはウサギさんのお家の窓のそばに、茶色の袋に入れたカブとジャガイモとキャベツの葉っぱをそっと置いて帰りました。朝になりました。ウサギさんが目を覚ますと、窓のそばに茶色の袋が置いてありました。『何だろう？』と袋を開けてみるとあら不思議！　中にはウサギさんがお友達にあげたはずのカブと、お野菜が入っていました。『あれ？　どうしたんだろう。増えてる!?』とウサギさんは驚きましたが、『今日はクリスマス！　そうだ、みんなを呼んでパーティーをしよう！』と、もらったお野菜も使ってすてきなお料理を作り、みんなで楽しいクリスマスパーティーをしたそうですよ」

・ウサギさんが持っていったカブはどの動物のところを回って、ウサギさんのところに戻りましたか。その順番に左上のウサギさんから右下のカブを持ったウサギさんまで線をかきましょう。

・お話に出てきた動物が持っていたものは何でしたか。合うもの同士の点と点を線で結びましょう。

・ウサギさんがもらった茶色い袋に入っていた野菜は何でしたか。お話に合うものに○をつけましょう。

2 推理・思考（重さ比べ）

テスターが上の絵を見せ、カブ1個とジャガイモ3個は同じ重さであることを説明してから行う。

・カブ2個と同じ重さにするには、ジャガイモがいくつあればよいですか。その数だけ星の横のマス目に○をかきましょう。

・下の6つの四角の中でカブ3個よりも重いものはどれですか。その四角に○をつけましょう。

3 絵の記憶

左のお手本の絵を20秒見せてから隠し、右を見せる。

・さっき見たお手本と同じお家になるように、足りないところを描きましょう。

4 系列完成

・上の女の子が持っている旗を見ましょう。下に旗の絵がありますね。旗の印は初めは1個、次は2個、その次は3個ずつ、というように上の絵と同じお約束で増えていきます。どのようなお約束か考えて次の空いている旗から続きの印をかいていきましょう。月の印のところからかいてください。印を4個までかいたらまた初めに戻りましょう。

5 **推理・思考（ルーレット）**

・回転するテーブルの前に動物たちがいます。動物たちの前には食べ物や飲み物がお約束通りに並んでいます。では、今、ネコの前にあるのはどの食べ物でしょうか。右から選び○をつけましょう。

・ハンバーガーがイヌの前に来たとき、アザラシのところには何が来ますか。その食べ物を右から選び△をつけましょう。

6 **言語（しりとり）**

・星のところから始めてしりとりでつながるようにするには、空いている四角にどの絵を入れたらよいか、下から選び、その四角と入る絵を線で結びましょう。しりとりの最後は「ン」で終わるようにしてください。

7 **推理・思考（条件迷路）**

・ネズミさんがロールケーキのところに行けるように、鉛筆で線を引きましょう。上と下、右と左に進むことはできますが、斜めに進むことはできません。また、同じところやライオンがいるところは通れません（左上の例題でやり方を確認してから行う）。

8 **巧緻性**

・ウサギさんがお家に帰ります。道の壁にぶつからないように、鉛筆で線を引きましょう。

9 **常　識**

・上の動物のしっぽと真ん中の顔、そして下の足跡の絵を見て、同じ動物のものを選んで点と点を線で結びましょう。

10 **点図形**

・左のお手本と同じになるように、右にかきましょう。

▐ 集団テスト ▐

指示行動

テスターの「1、2、3、4」の掛け声に合わせて、お約束の動きをする。お約束は、「1」は頭の上で手をたたく。「2」でおなか、「3」でひざ、「4」でつま先を手で触る。

鉢巻き送りゲーム

みんなで輪になり、1人ずつ順番に腰に鉢巻きを結ぶ。結べたら手を1回たたき、その場で回って鉢巻きをほどき、次の人に渡す。笛が鳴るまで続ける。

課題遊び

グループごとに用意されているものでどのように遊ぶか相談し、自由に遊ぶ。用意されているものはそれぞれ異なる。「おままごとセット、おもちゃの食べ物」「瓶、牛乳パック、紙コップ、紙皿」「モール、ひも、玉入れの玉、ペットボトル、チェンリング」など。

親子面接　親子とも同室で着席し、面接を受ける。

本人

・幼稚園（保育園）は楽しいですか。園ではどのような遊びが好きですか。
・大きくなったら何になりたいですか。それはどうしてですか。
・小学生になったら何をしたいですか。それはどうしてですか。
・朝（お昼）ごはんは何を食べましたか。
・道路を渡るときには、どのようなことに気をつけていますか。

父親

・子どものころにご自身が受けたしつけで、今に役立っていることは何ですか。
・学生時代や社会人になって得た経験で、子育てに役立っていることは何ですか。
・お子さんの幼稚園（保育園）で仲よしのお友達のお誕生日に何をプレゼントしたいか、今お子さんと相談してみてください。
・お家の中の宝物について、今お子さんと相談してみてください。

母親

・お子さんはどのような絵本が好きですか。
・お子さんの得意なことは何ですか。
・約束の大切さについて、今お子さんに説明してください。
・命の大切さについて、今お子さんに説明してください。

1

水色　緑　赤　茶

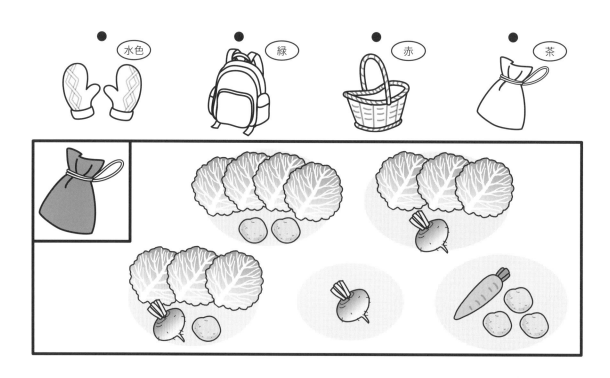

2016

2

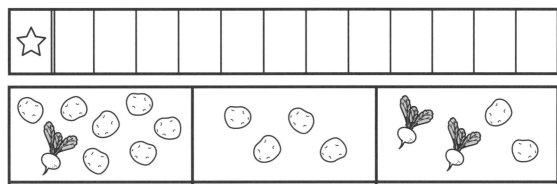

3

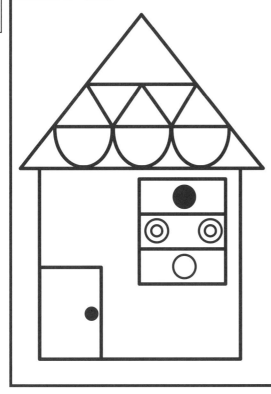 

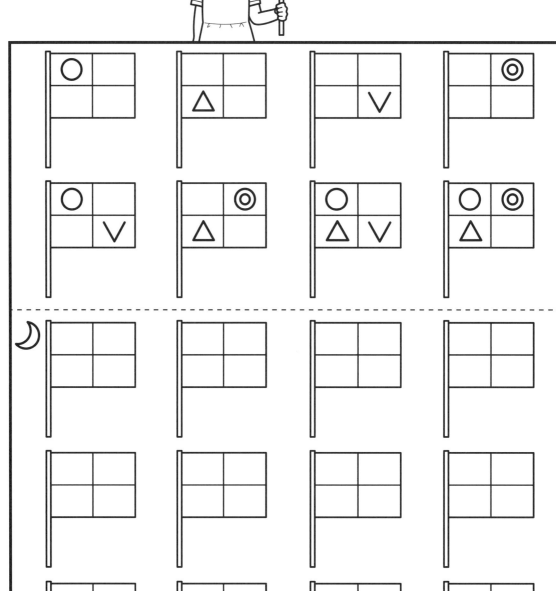

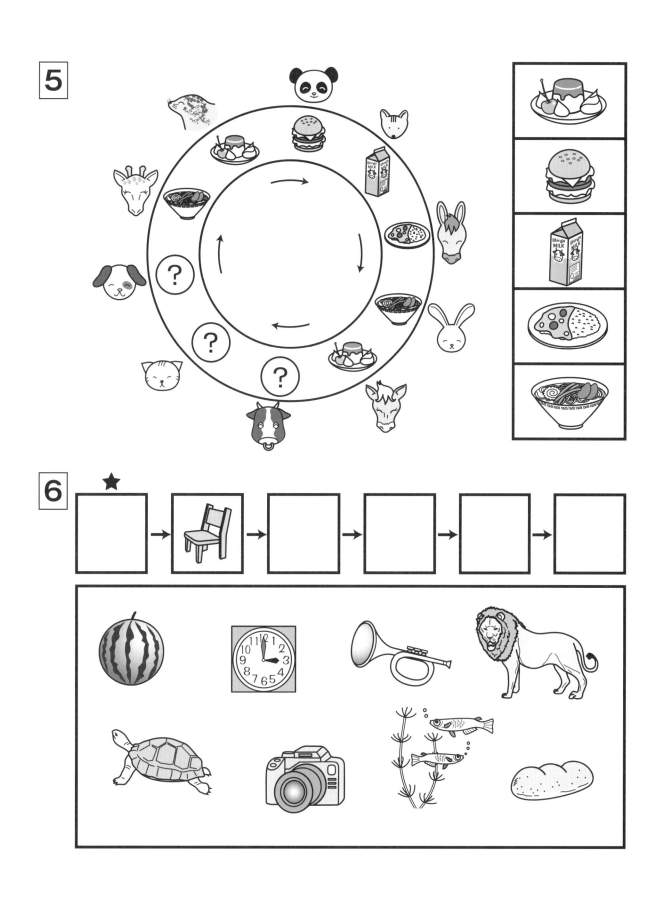

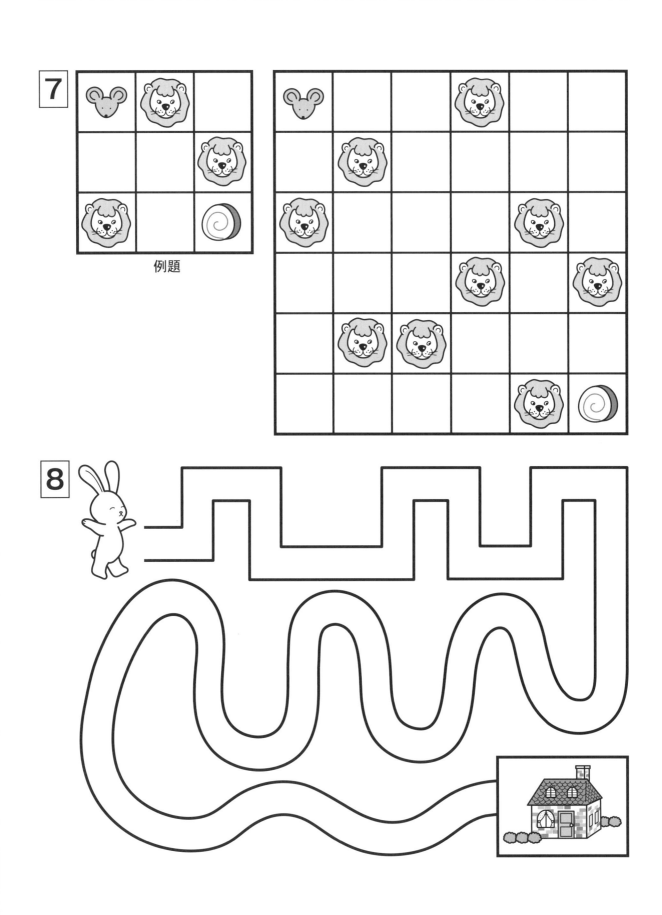

例題

9

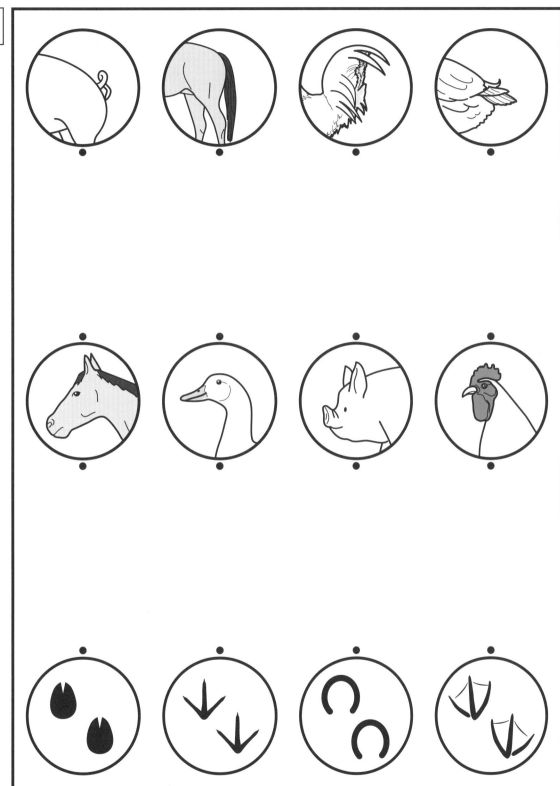

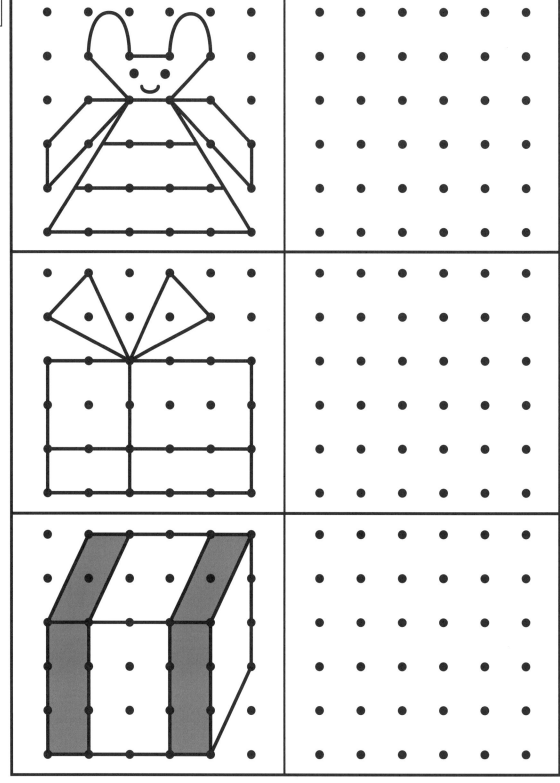

2015 聖心女子学院初等科入試問題

section 2015

選抜方法

考査は1日で、順不同についた受験番号ごとに、約20人単位でペーパーテスト、集団テストを行う。所要時間は約2時間。考査日前の指定日時に親子面接がある。

ペーパーテスト

筆記用具は鉛筆、青のクーピーペンを使用し、訂正方法は×(バツ印)。出題方法は口頭。※鉛筆と指示のある問題以外はクーピーペンを使用。

1 話の記憶

「山の上にもう長いこと立っている大きな木がありました。冬の間、木はいつもひとりぼっちで寂しいと思っていました。『葉っぱも散ってしまって寒いな』と言うと、木の根元からモグラさんが顔を出し『土の上に葉っぱがいっぱい落ちてきて暖かいよ』と言いました。春になりました。木に葉っぱが生えると、アオムシ君がやって来て『葉っぱを食べさせてください』と言いました。木は『いいですよ』と答え、アオムシ君は葉っぱをたくさん食べました。そこに小鳥さんがやって来ました。卵を産むための巣を作る場所を探しているようです。小鳥さんが木に『ここにお家を作ってもいいですか』と聞くと、木は『いいですよ』と答え、小鳥さんは大きな木にお家を作りました。夏になりました。クマのおじいさんが『今日は暑いなー』と歩いてきました。木は『休ませてあげましょうか』とクマのおじいさんに声をかけ、おじいさんは木陰でお昼寝をしていきました。秋になりました。ウサギさんとリス君が遊びに来ました。2匹はドングリを拾って遊びました。ウサギさんとリス君が『このドングリは立派だね』と言うと、木はそれを聞いてうれしくなりました。ウサギさんはドングリでコマとネックレスを、リス君はベルトと時計を作りました」

・それぞれの生き物がお話に出てきたときの様子と合うものを選び、点と点を線で結びましょう。

(今のお話の続きです)
「ウサギさんとリス君がドングリを拾って遊んでいます。小鳥さんが空を飛んでいます。土の中からモグラさんが顔を出し『君はひとりぼっちじゃないよ』と木に言いました。木は、自分はひとりぼっちだと思っていましたが、みんなの役に立てているということがわかり、とてもうれしいと感じました。寒い冬に向かうのに温かな気持ちになりました」

・左下の絵を見てください。今、聞いたお話の続きに出てこなかったものに○をつけまし

ょう。

・右下の４つの絵の中で、木が温かな気持ちになったように、心が温かく感じるものに○をつけましょう。

2 数　量

・公園に１人ずつ座るいすが４個置いてあります。９人の女の子が座るには、いすはあといくつあったらよいですか。その数だけ太陽の横の四角に○をかきましょう。

・公園に３人の男の子がいます。みんながドングリを２個ずつ拾いました。まだあと４個落ちています。最初、公園にドングリはいくつ落ちていましたか。その数だけ雲の横の四角に○をかきましょう。

3 言　語

・お手本の２つの「はし」のように、意味は違うけれど同じ言葉のものを選び線で結びましょう。同じ言葉がないものには○をつけてください。

4 常識（生活）

・一番上と真ん中と一番下の絵の中から仲よしのものを１つずつ選び線で結びましょう。

5 数量（進み方）

・コオロギとカタツムリがすごろく遊びをしています。コオロギは一度に４つ、カタツムリは一度に１つ進むお約束です。今いるところからコオロギとカタツムリが順番にゴールに向かってお約束通りに進むと、２匹が一緒に入るマス目はどこですか。そのマス目に○をかきましょう。

・今度は、今いるところからコオロギもカタツムリも１つずつ進むお約束です。ただし、カタツムリは１回おきに休みながら進んでいきます。コオロギがカタツムリに追いつくのはどのマス目ですか。そのマス目に△をかきましょう。

6 構　成

三角カードが２枚配られる。

・それぞれのお家は、この三角カードを何枚か使ってできています。三角カードを使ってよいので、どのように作ってあるか、お家の中に線をかきましょう。

7 置　換

・上の四角にお約束がかいてあります。果物はどちらが上であってもリンゴとイチゴの組み合わせのときは○、バナナとイチゴのときは△、ブドウとイチゴのときは◎、リンゴとバナナのときは縦棒、ブドウとバナナのときは横棒の印です。このお約束通りに、下

の絵の果物と果物の間のマス目に印をかきましょう。

集団テスト

ジャンケンゲーム

3人で1グループとなり、1列になって「ジェンカ」の曲に合わせて、「前、後、前、前、前」と両足跳びで自由な方向に進む。曲が止まったら、先頭の子は近くにいるほかのグループの子とジャンケンをし、負けたら自分の列の後ろにつき、2番目の子が先頭に入れ替わる。

ボール運びリレー

2人1組で行う。机の上に大小の風呂敷、机の下にドッジボールがある。小さい風呂敷にドッジボールを置き、対角の角を結んで包む。包んだボールを大きい風呂敷の上に載せ、2人で一緒に持ち、コーンを回って戻ってくる。包みをほどき、元通りにしたら次の人にタッチする。

生活習慣

風呂敷のそれぞれの角を1つ結びにし、帽子のようにしてかぶる。

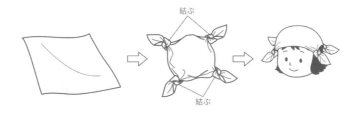

親 子 面 接　親子とも同室で着席し、面接を受ける。

本 人

・お名前を教えてください。
・朝（お昼）ごはんは何を食べましたか。
・お母さんが作るお料理で一番好きなものは何ですか。
・最近「ごめんなさい」と言ったことはありますか。どんなときですか。
・お父さんとお母さんのどんなところが好きですか。
・（母親から素直に謝ることの大切さを話しかけられた後）今のお話を聞いてこれからど

うしようと思いましたか。

父　親

・幸せを感じるのはどんなときですか。

・お子さんが幸せを感じているな、と思うのはどんなときですか。

・本校では華美にならず質素であることを心掛けておりますが、そのことについてどう思われますか。

母　親

・「ごめんなさい」と素直に謝ることの大切さをお子さんにどう伝えていますか。（答えた後）今のお話をお子さんにわかりやすく伝えてください。

・（仕事をしている場合）共働きされていますが、初めの1ヵ月は何度かお迎えに来ていただくことがあります。対応できますか。

1

2

3

4

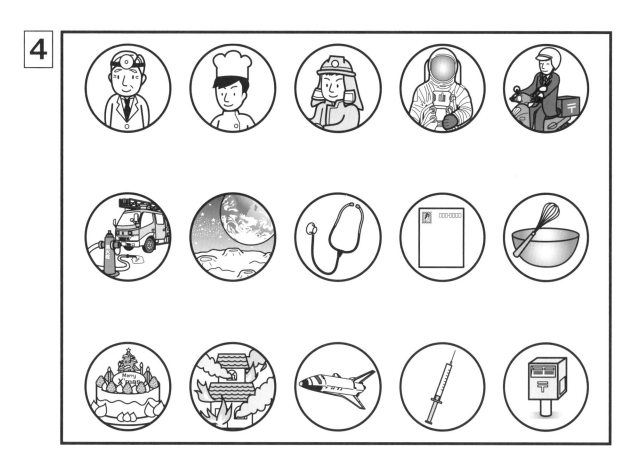

5

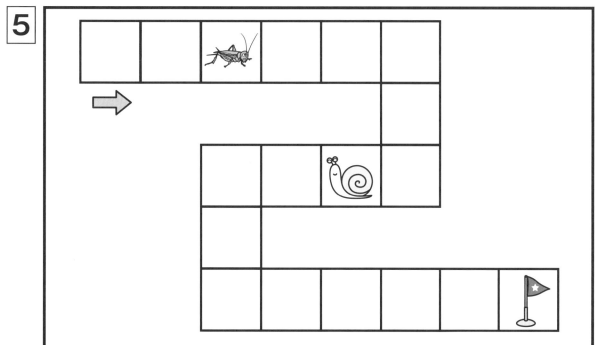

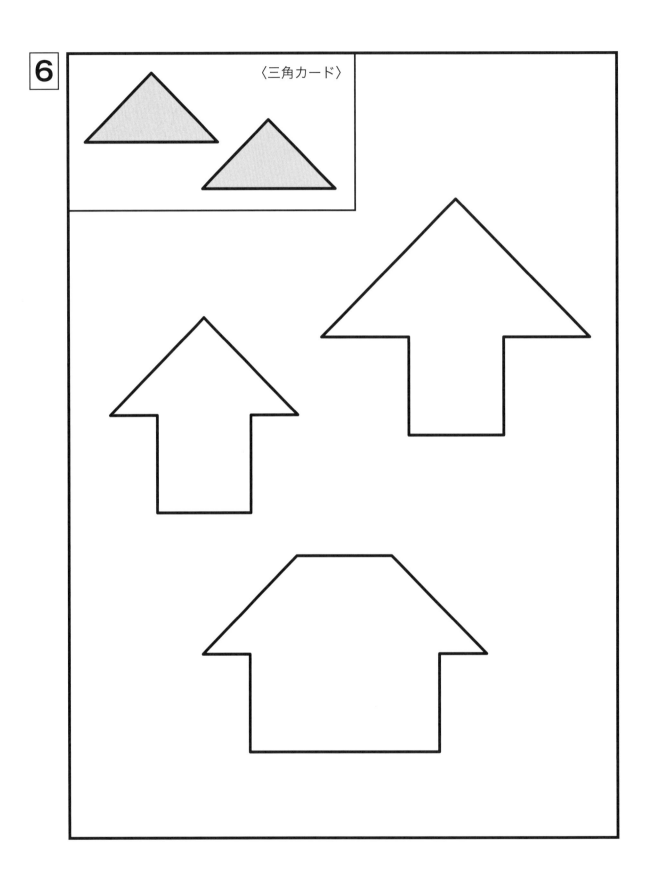

〈三角カード〉

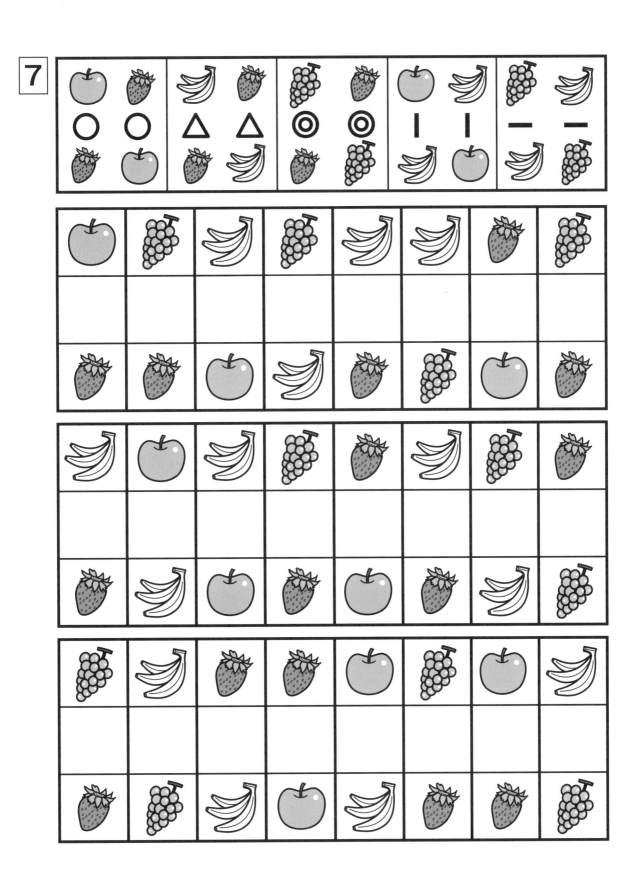

2014 聖心女子学院初等科入試問題

■ 選抜方法

考査は1日で、順不同についた受験番号ごとに、約20人単位でペーパーテスト、集団テストを行う。
所要時間は約2時間。考査日前の指定日時に親子面接がある。

┃ペーパーテスト┃ 筆記用具は鉛筆、青のクーピーペンを使用し、訂正方法は×(バツ印)。出題方法は口頭。※鉛筆と指示のある問題以外はクーピーペンを使用。

1 話の記憶

「ウサギさんのところに、ウサギさんのおじいちゃんからお手紙が届きました。その手紙には『おじいちゃんのお家に植えたサツマイモの苗が大きくなったから掘りにおいで』と書いてあったので、ウサギさんはみんなに『明日おイモ掘りに行きましょう』と声をかけました。次の日キツネさんは、コンコンと咳をしていて熱がありました。おイモ掘りを楽しみにしていたキツネさんでしたが、お母さんに『今日はおイモ掘りには行けないわね』と言われたのでお布団にもぐりこんでしまいました。みんなは残念に思ったけれど、おイモ掘りに行くことにしました。山を登っている途中に川があり、そこでウサギさんはピカピカの石を見つけました。しばらく行くとコスモス畑があり、そこでネズミさんが何かにつまずきました。よく見てみるとそれはドングリでした。しばらく山を登っているとクマさんが落ちていた木の葉にすべって転んでしまいました。泥だらけになってしまったので、ウサギさんがハンカチを貸してあげて『もう少しで畑に着くよ、頑張って』と励ましました。サツマイモ畑に着くとウサギさんのおじいちゃんがいて、みんなでおイモを掘りました。タヌキさんはサツマイモの大きな葉っぱを傘のようにさしています。ネズミさんが『キツネさんにお土産をあげよう』と言うので、一番大きなおイモとみんなが見つけたものをキツネさんのお家に届けに行きました。するとキツネさんは喜んで元気になりました」

・上の段です。おイモ掘りに行った動物全部に○をつけましょう。
・真ん中です。ウサギさんとネズミさんはどこで何を見つけましたか。合うもの同士の点と点を線で結びましょう。
・下の2段です。動物たちがしてあげたことの中でよいことの絵に○をつけましょう。

2 数 量

・ウサギはドングリを6個持っています。10個にするにはあといくつあればよいですか。その数だけウサギの横の四角に○をかきましょう。

・クマはドングリを2個持っています。8個にするにはあといくつあればよいですか。その数だけクマの横の四角に○をかきましょう。

3 言　語

・四角の中にいろいろなものが描いてあります。名前のどこかに「ン」のつくものに○をつけましょう。

4 常　識

・サツマイモのように土の中にできるものに○をつけましょう。

5 推理・思考（水の量）

・水の入ったコップに大きさの違うサツマイモが入っています。それぞれのコップの中のサツマイモを出したとき、お水が2番目に多く残っているコップに○をつけましょう。

6 推理・思考（進み方）

上の四角にお約束がかいてある。三角やひし形などがそれぞれ矢印の方向に矢印の数だけ進む、ということを確認してから行う。ウサギとクマは今いるところからマス目を動く。

・ウサギがマス目の左にかいてある3つの印のお約束の通りに進んだとき、どこのマス目に着きますか。着いたマス目に鉛筆で○をかきましょう。

・貝殻のところです。もうひし形がかいてありますね。クマがヨットのところまで行くとき、その後はどのように進めばよいですか。ヨットに行けるように上のお約束を見ながらその続きの印をひし形の隣の四角に鉛筆でかきましょう。四角には全部印が入るようにしましょう。

7 推理・思考

テスターが上のような三角の旗の柄の部分を持ち、くるりと回した様子を見せる。

・左の旗を今見たお手本のように回すとどのように見えますか。正しいものを右から選んで○をつけましょう。

8 点図形

・お手本と同じになるように、足りないところを鉛筆でかき足しましょう。

集団テスト

ジャンケンゲーム

3色のカラー手袋（ピンク、水色、黄色）の中から1人1つずつはめ、指示にしたがって動作をしたり、グー、チョキ、パーの絵が描かれたプラカードの前に移動したりする。ピンクの人はチョキ、水色の人はパー、黄色の人はグーという設定（何回か行った後、色の指示は変わる）。

- これから先生が出すジャンケンに勝ったらワーイと喜び、負けたらしゃがんで泣いてください。あいこだったらその場で立っていましょう（テスターがグー、チョキ、パーのいずれかのプラカードを見せる）。
- あいこになる（ジャンケンのプラカードの）ところに動きましょう。
- 今度はあなたが勝てるところに動きましょう。

自己紹介ゲーム

- 初めにワンピースのカードの左上の四角に自分の好きなマークをかき、右下のバッグの丸（点線）を自分が決めた色でなぞりましょう。
- ワンピースのカードと自分の色のクレヨンを持って音楽に合わせて歩き、音楽が止まったら相手を見つけて両手タッチをしてから、お友達と好きなもの、好きなこと、好きな遊びなどを質問し合います。質問に答えてもらったら自分のカードのワンピースにかいてある丸（点線）をそのお友達の色でなぞってもらいましょう。なるべくたくさんのお友達に丸をかいてもらってください。

親子面接　　親子とも同室で着席し、面接を受ける。

本　人

- お名前を教えてください。
- 朝（お昼）ごはんは何を食べましたか。
- ここまでどのようにして来ましたか。
- 幼稚園（保育園）で好きな遊びは何ですか。
- お友達は何人いますか。そのお友達と何をして遊びますか。
- 自分のよいところを教えてください。
- （母親から話しかけられた後）お母さんに言われたことについてどう思いましたか。

父　親

- 日常で大切にしている心の教育は何ですか。

・女子校についてどのように思われますか。
・命の大切さについてどうお考えですか。本校の理念と命の大切さの共通点をお話しください。

母 親

・子どもに我慢させることについてどう思いますか。
・我慢することについて、今お子さんに語りかけてください。
・お子さんのよいところを3つ、今お子さんに伝えてください。
・お子さんのよいところを伸ばすために実践していることを例を挙げてお話しください。

2

3

4

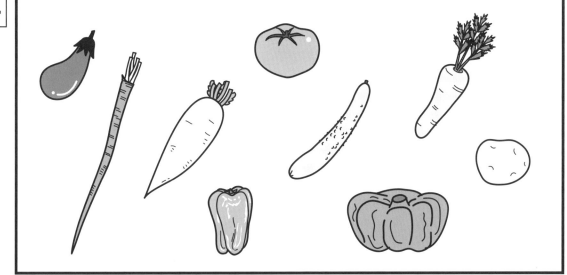

5

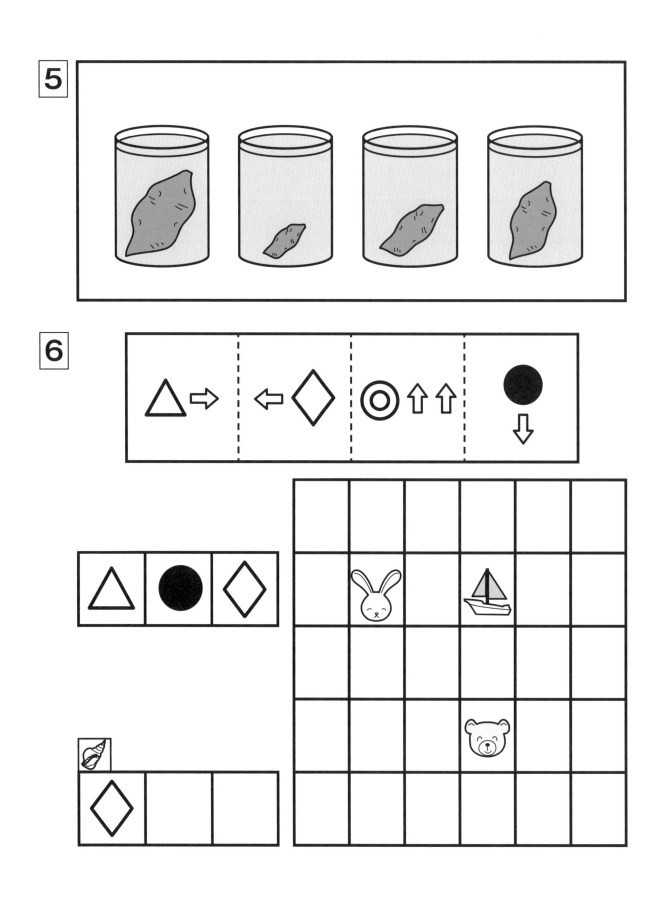

6

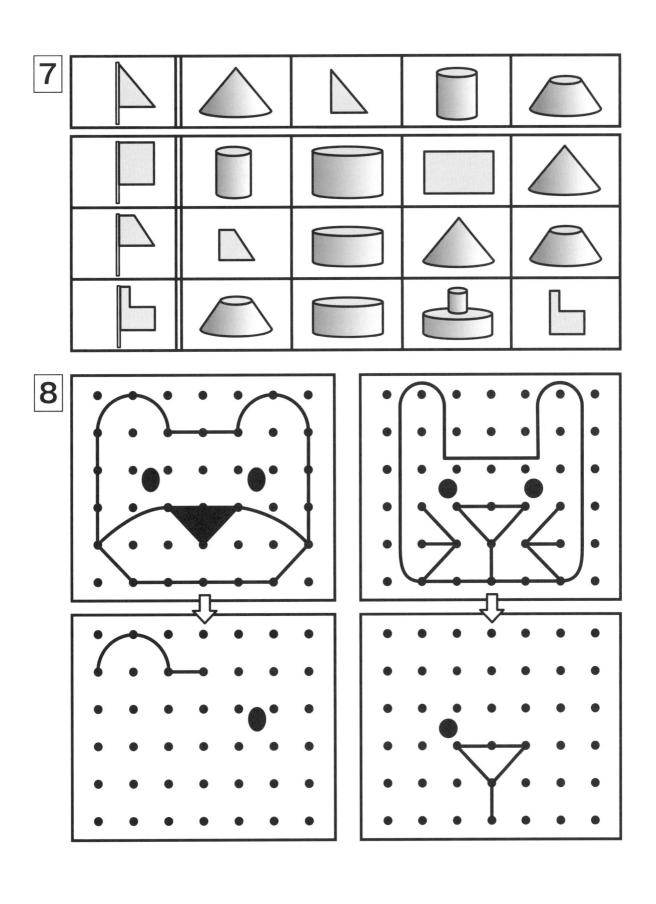

聖心女子学院初等科
入試シミュレーション

聖心女子学院初等科入試シミュレーション

1 数　量

- みちこさんとたろう君がドングリを拾いに行きました。みちこさんは5個、たろう君は7個ドングリを拾ってポケットの中に入れました。上の四角のそれぞれのポケットの絵の中に、拾ったドングリの数だけ○をかきましょう。

- イチョウの木に10枚の葉っぱがついていました。風が吹いて4枚が地面に落ちてしまいました。今、木に残っている葉っぱの数だけ、木の絵の中に△をかきましょう。

- カゴの中にリンゴが4個、カキが5個ありました。食いしん坊のクマさんがやって来て2個ずつ食べてしまいました。今、残っているリンゴとカキを合わせた数だけ、カゴの絵の中に○をかきましょう。

- 9本のお花がありました。2人のお友達に3本ずつあげました。今、残っているお花の数だけ、2段目のお花の絵の横に○をかきましょう。

- 大きな丸いケーキを8個に切りました。みちこさんが2個、お父さんが2個、お母さんが1個食べました。今、残っているケーキの数だけ、3段目のケーキの絵の横に△をかきましょう。

- みちこさんとたろう君はジャンケンをしてグーで勝ったら1歩、チョキで勝ったら2歩、パーで勝ったら5歩進むことになりました。初めはみちこさんがチョキで勝ち、次は、たろう君がパーで勝ち、次も、たろう君がチョキで勝ち、最後は、みちこさんがグーで勝ちました。下のみちこさんとたろう君の絵の横に進んだ数だけ○をかきましょう。

2 数　量

- ウサギさんが「見て見て、きれいな葉っぱが落ちているわ」と、黄色のイチョウの葉っぱを7枚拾いました。クマ君は「ほんとだ。イチョウの葉っぱだね」と言って、6枚拾ってお家へ持って帰りました。上のイチョウの葉っぱの形の中に、ウサギさんが拾った葉っぱの数だけ○を、クマ君が拾った数だけ△をかきましょう。

- ウサギさんが「今度は赤ちゃんの手のような赤い葉っぱが落ちているわ」と言って、葉っぱを拾いました。するとクマ君が「それはモミジの葉っぱだよ」と言って、拾いました。クマ君は「ウサギさんと僕が拾った葉っぱは全部で12枚だね。僕が8枚拾ったから、ウサギさんは何枚拾ったのかな」と言いました。モミジの葉っぱの形の中に、ウサギさんが拾った葉っぱの数だけ×をかきましょう。

- ウサギさんはおやつにサツマイモを6本持ってきて、クマ君と2本ずつ食べました。今、残っているサツマイモの数だけ、サツマイモの形の中に△をかきましょう。

- ウサギさんとクマ君はドングリをたくさん拾いました。ウサギさんはドングリでペンダントを作って、お母さんとお姉さんとクマ君にプレゼントしました。1つのペンダント

にはドングリを3個使いました。プレゼントしたペンダントに使った全部のドングリの数だけ、ドングリの形の中に◎をかきましょう。

（おはじきなどを用意する）

・真ん中の段の左を見てください。クリは5個、マツボックリは3個あります。数が多い方の絵におはじきを1つ置きましょう。

・左から2番目です。イチョウとモミジの木に10枚ずつ葉っぱがついていました。イチョウの葉っぱが4枚、モミジの葉っぱが3枚落ちてしまいました。今、木に残っている葉っぱが多い方におはじきを置きましょう。

・左から3番目です。リンゴが4個とカキが5個ありました。クマさんは2個ずつ食べてしまいました。今、多く残っている方におはじきを置きましょう。

・左から4番目です。ウサギさんがドングリを4個、リスさんが8個拾いました。リスさんは拾ったドングリのうち3個を食べました。今、ドングリを多く持っている方におはじきを置きましょう。

・右端です。キツネさんはお花を3本、サルさんは6本、イヌさんはキツネさんより2本多く持っています。一番多くお花を持っている動物におはじきを置きましょう。

・おやつの時間です。キツネさんはクッキーを3枚、サルさんは4枚、イヌさんはサルさんより1枚多く食べました。みんなが食べたクッキーの数だけ、下から2段目のクッキーの絵の横に○をかきましょう。

・リスさんが風船を3つ、ウサギさんが風船を4つ持っていましたが、2匹とも風船が1つずつ割れてしまいました。今、2匹が持っている風船の数だけ、一番下の風船の絵の横に△をかきましょう。

3 話の理解

・メロンの四角です。右手にお花のついたバッグを持って、半袖のブラウスを着ている子に○をつけましょう。

・リンゴの四角です。机の上をふいている男の子に△をつけましょう。

・ブドウの四角です。かけっこをしていますね。4番目に速い子に◎をつけましょう。また、星の印の男の子が2人を抜かしたとき、4番目になる子に□をつけてください。

・バナナの四角です。いろいろな形の紙が重なっています。上から3番目に重なっている紙の見えているところを好きな色で塗りましょう。

4 話の理解・観察力・常識

・アイスクリーム屋さんに並んでいる前から4人目の人に○をつけましょう。

・右手に風船を持っている子に△をつけましょう。

・三つ編みをして、お花の模様のワンピースを着ている子に□をつけましょう。

・してはいけないことをしている子に×をつけましょう。

5 数量（進み方）

ゆうこさんとつよし君は、楽器が鳴ったらお約束通りにマス目を進むゲームをします。タンバリンが１回鳴ったら２マス進み、鈴が１回鳴ったら３マス進み、カスタネットが１回鳴ったら１マス戻ります。

・初めはゆうこさんです。鈴が２回とカスタネットが１回鳴りました。ゆうこさんが今いるマス目に○をかきましょう。

・今度はつよし君です。タンバリンが３回鳴りました。つよし君が今いるマス目に○をかきましょう。

・今度はゆうこさんです。今いるところから出発します。タンバリンが２回と鈴が１回鳴りました。今いるマス目に△をかきましょう。

・最後はつよし君です。今いるところから出発します。鈴が１回、カスタネットが２回鳴りました。今いるマス目に△をかきましょう。

6 言語（しりとり）

・左上のピアノから右下の提灯まで、しりとりでつながるように線を引いていきましょう。

7 推理・思考（条件迷路）

・左上の矢印のグーから始めて、グーに負けるチョキに線を引きます。次は、そのチョキに負けるもの、パーに線を引くというようにして、右下の矢印まで線を引いていきましょう。縦や横には進めますが、斜めに進んではいけません。

8 推理・思考

・１段目です。同じ大きさのお風呂いっぱいにお湯が入っています。絵のように動物たちが入ったとき、一番たくさんお湯があふれてしまうお風呂に○をつけましょう。

・２段目です。大きさの違うカップに、絵のように紅茶が入っています。それぞれに角砂糖を２つずつ入れて飲んだとき、一番甘いカップに○、一番甘くないカップに△をつけましょう。

・３段目です。男の子がジュースを飲んでいます。そのときのコップの様子で正しいものに○をつけましょう。

・４段目です。大きさの違う氷があります。お日様の光を浴びると氷は溶けてしまいます。一番早く溶けてしまう氷に○、溶けるのに一番時間がかかる氷に△をつけましょう。

9 常識（季節）

・上、真ん中、下の段に、季節の行事のいろいろな絵が描いてあります。それぞれの段か

ら同じ行事のものを1つずつ選んで、上から下まで全部つながるように点と点を線で結びましょう。

10 常識（なぞなぞ）

これからなぞなぞを出します。わかったら何も言わないで、印をつけましょう。
- イカはイカでも海にいるイカではなく、畑にいるイカは何ですか。○をつけましょう。
- 何度も食べても、三度と言う食べ物は何ですか。△をつけましょう。
- 体の端っこを両方とも手でしっかりと持って、グルグル回したり、ピョンピョン跳び越したりして遊ぶものは何ですか。×をつけましょう。
- お魚や玉子をおんぶしている力持ちの食べ物は何ですか。□をつけましょう。
- いすはいすでも暑いところに置いておくと、ドロドロに溶けてしまういすは何ですか。◎をつけましょう。
- リスはリスでも「ギーッ、チョン」と鳴くリスは何ですか。◇をつけましょう。

11 点図形・模写

- 上の段です。左のお家と同じように、右側に鉛筆で描きましょう。
- 下の段です。左のお手本と比べて、右の絵に足りないところを鉛筆で描きましょう。

12 絵画（課題画）

- 自分が春の公園で楽しく遊んでいる絵を描きましょう。絵を描き足したり、色を塗ったりして楽しい絵にしてください。

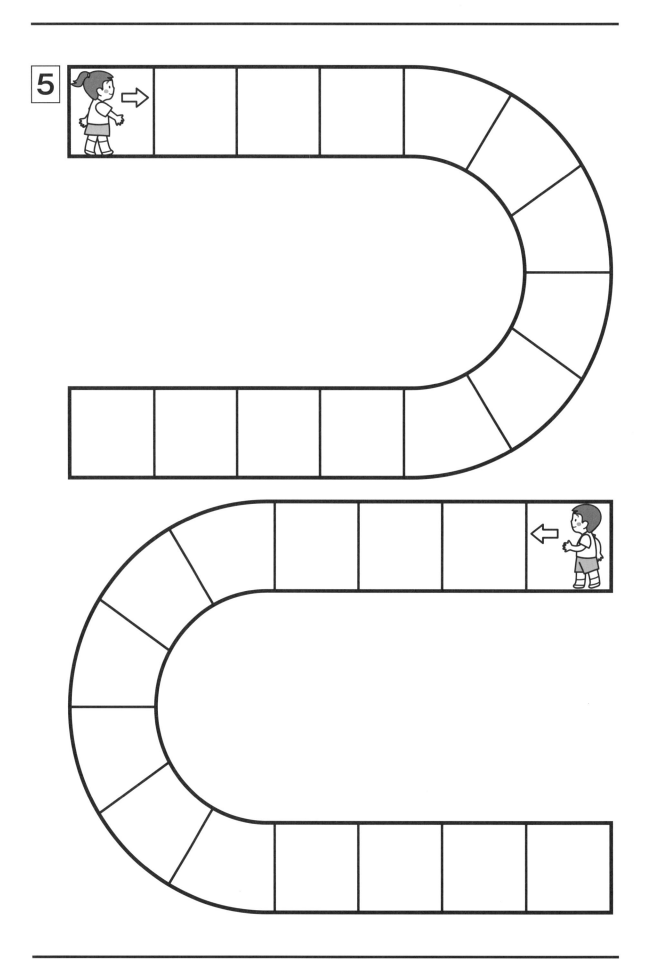

6

7

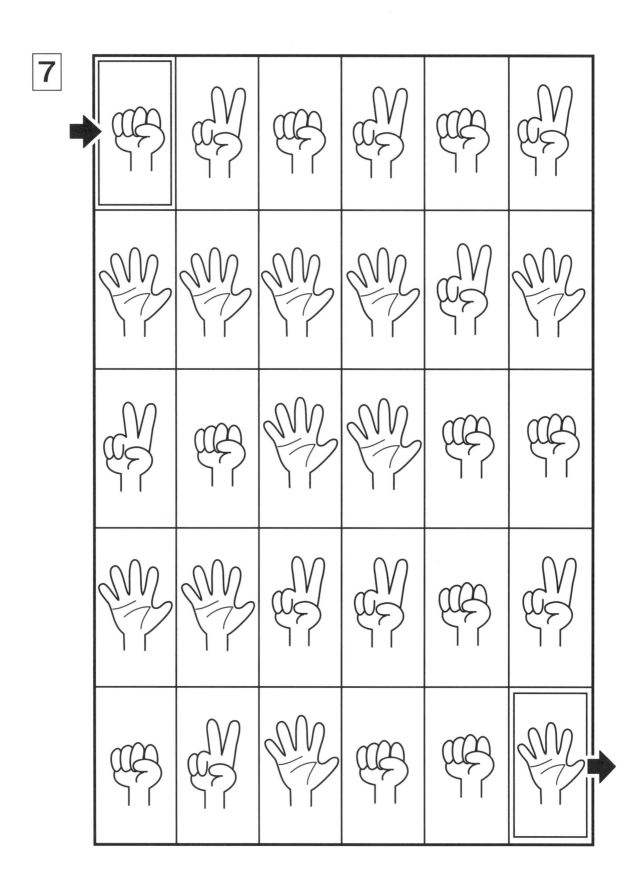

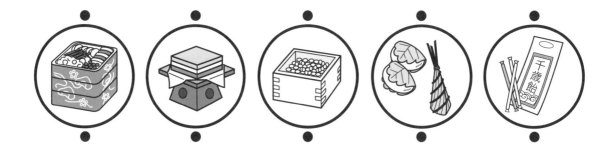

10

11

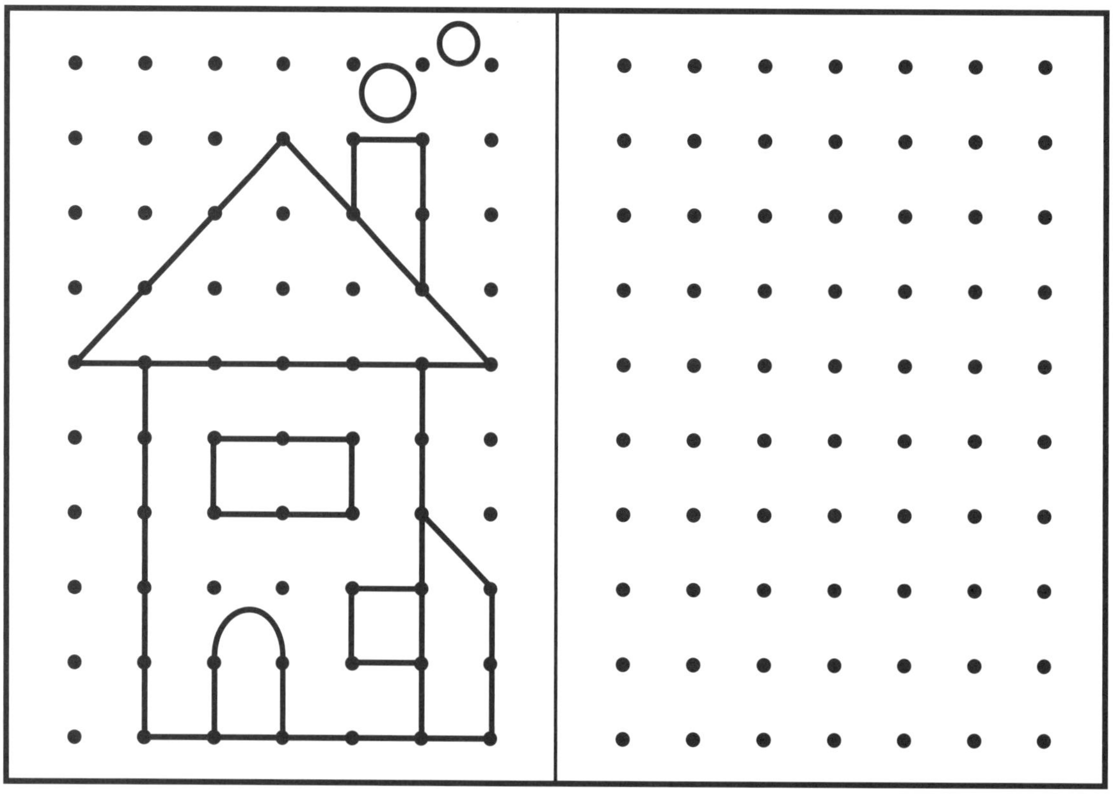

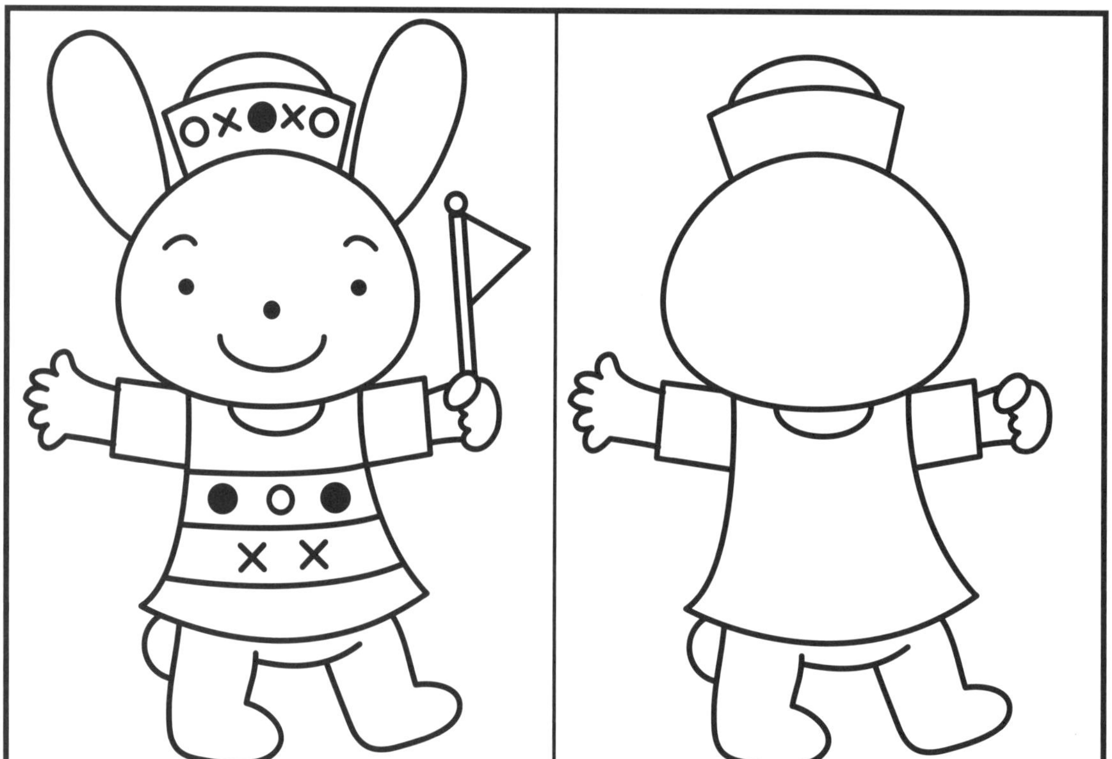

12

2024 学校別過去入試問題集

✏ 年度別入試問題分析【傾向と対策】　✏ 学校別入試シミュレーション問題　✏ 解答例集付き

伸芽会の有名小学校合格シリーズ
Shinga-kai

カラーページ増殖中！
※2022年秋実施の入試問題を含む

ミシン線入り　解答例集付き
過去5〜15年間分
全44冊52校掲載
定価3410円〜3520円
（本体3100円〜3200円＋税10%）

全国の書店・伸芽会出版販売部にお問い合わせください。

伸芽会　出版販売部【03-6914-1359】（10:00〜18:00 月〜金）

2023年2月より順次発売中！

〒171-0014 東京都豊島区池袋2-2-1 7F　https://www.shingakai.co.jp

© '06 studio*zucca

［過去問］ 2024

聖心女子学院初等科 入試問題集

解答例

＊ **解答例の注意**

この解答例集では、ペーパーテスト、個別テスト、集団テストの中にある□数字がついた問題、入試シミュレーションの解答例を掲載しています。それ以外の問題の解答はすべて省略していますので、それぞれのご家庭でお考えください。（一部□数字がついた問題の解答例の省略もあります）

入試シミュレーションの
解答例もあります！

© 2006 studio*zucca

Shinga-kai

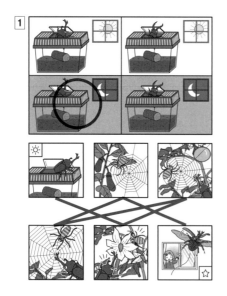

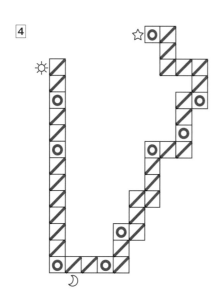

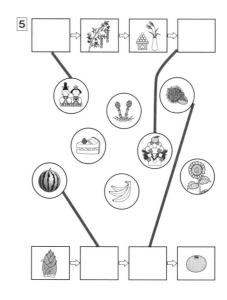

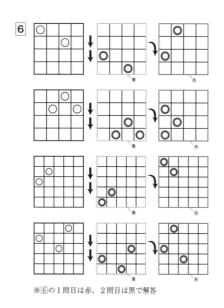

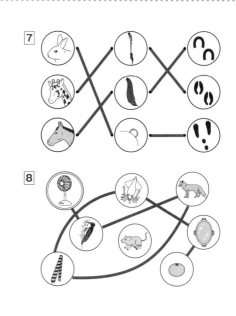

※6の1問目は赤、2問目は黒で解答

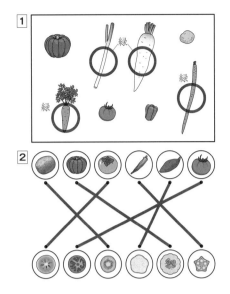

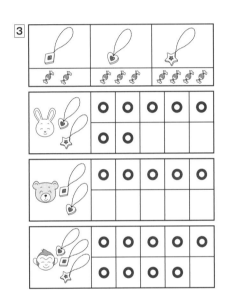

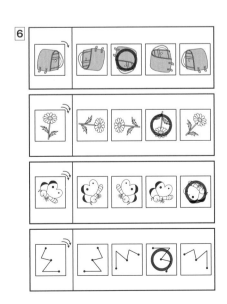

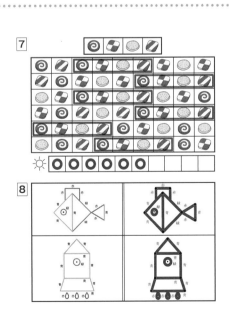

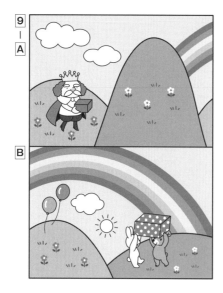

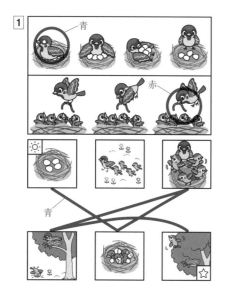

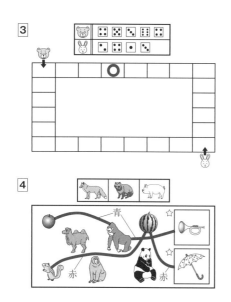

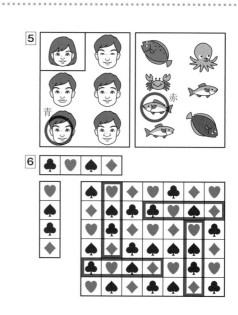

7
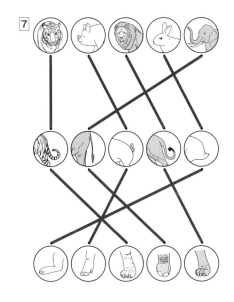

8
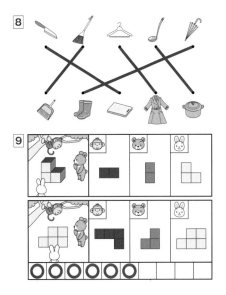

9

10

11

※11は5本ずつ

12

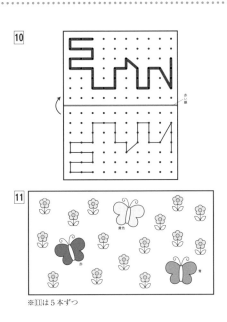

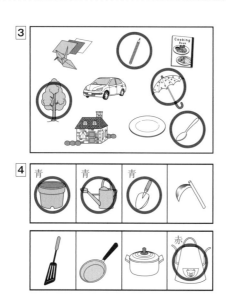

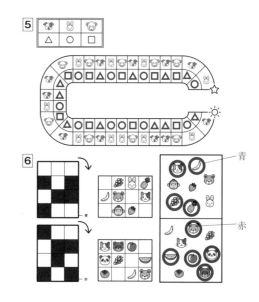

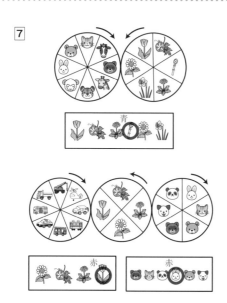

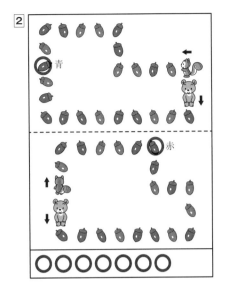

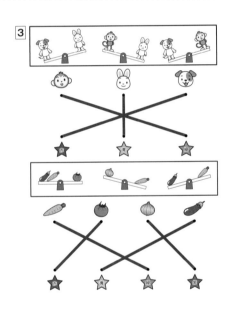

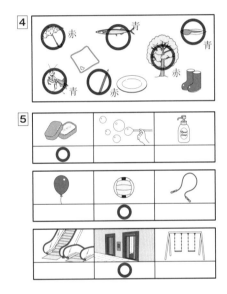

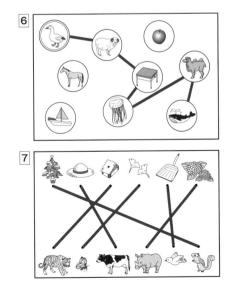

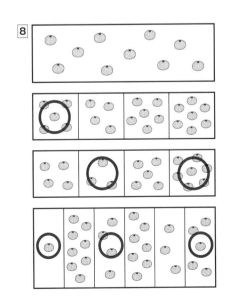

9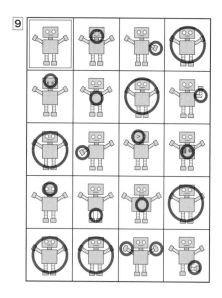

10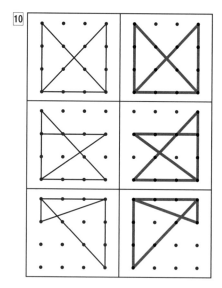

1

2

3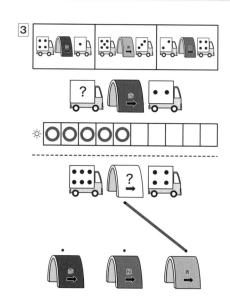

4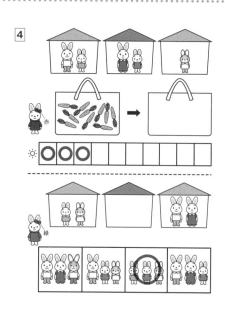

5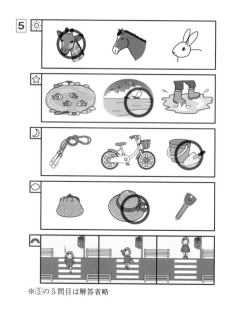

※5の5問目は解答省略

2018 解答例

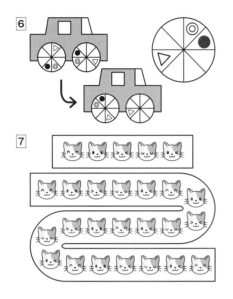

2017 解答例

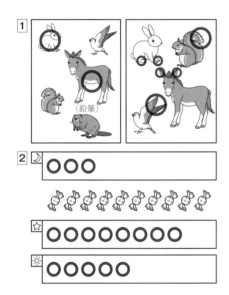

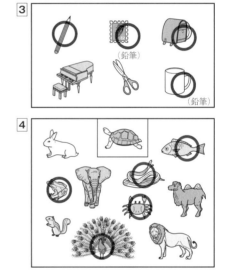

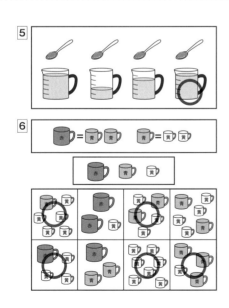

8

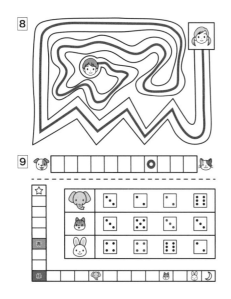

9

10

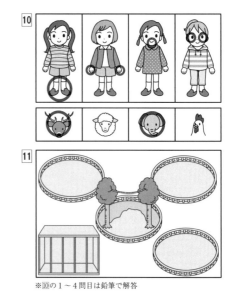

11

※⑩の1〜4問目は鉛筆で解答

1

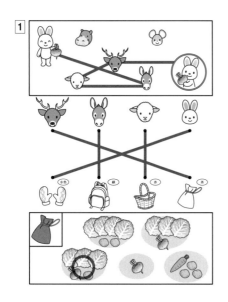

2

3

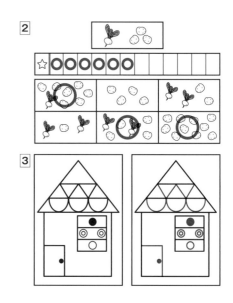

4

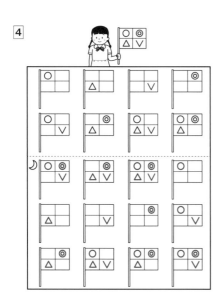

5

6

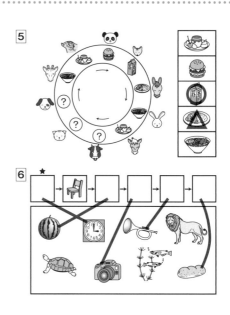

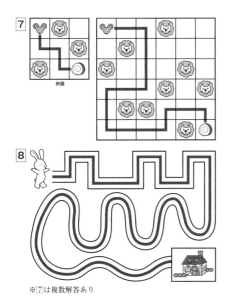

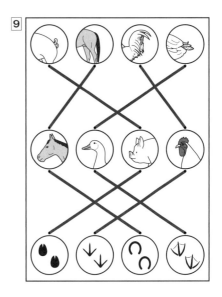

※7は複数解答あり

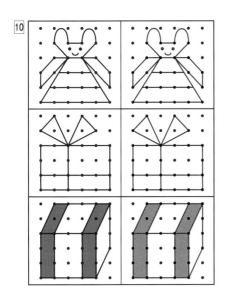

※1の3問目は解答省略

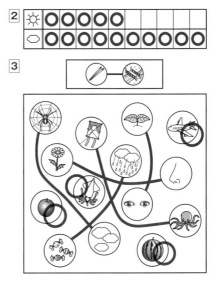

4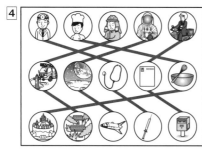

5

6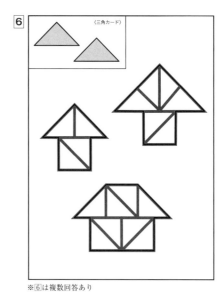

※6は複数回答あり

7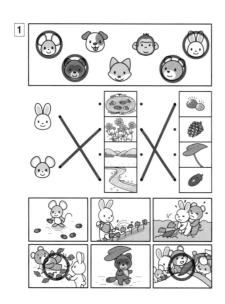

1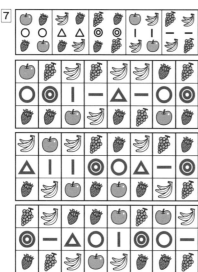

2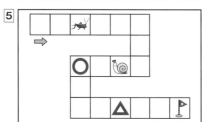

3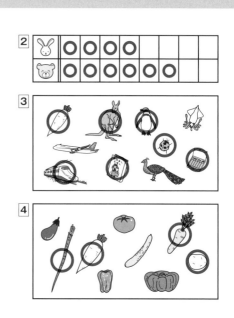

4

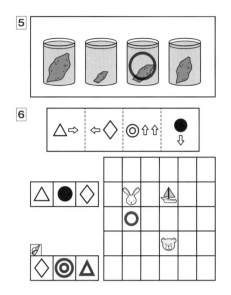

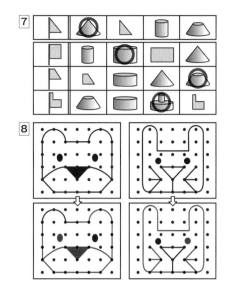

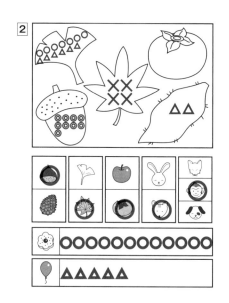

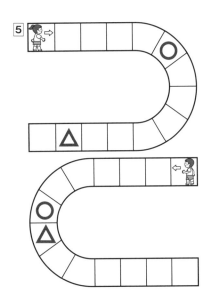

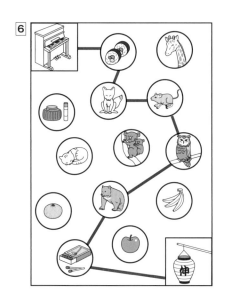

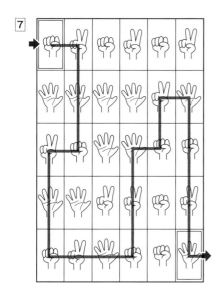

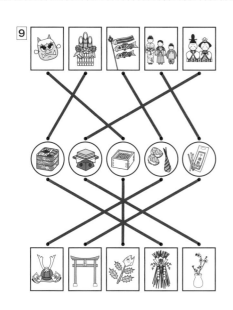

Shinga-kai